Por mis amores y desamores

Por mis amores y desamores

Michelle Rivera

Número de Control de la Biblioteca del Congreso de EE. UU.:		2013907023
ISBN:	Tapa Dura	978-1-4633-5609-5
	Tapa Blanda	978-1-4633-5608-8
	Libro Electrónico	978-1-4633-5607-1

Para realizar pedidos de este libro, contacte con:
Palibrio
1663 Liberty Drive
Suite 200
Bloomington, IN 47403
Gratis desde EE. UU. al 877.407.5847
Gratis desde México al 01.800.288.2243
Gratis desde España al 900.866.949
Desde otro país al +1.812.671.9757
Fax: 01.812.355.1576
ventas@palibrio.com
451409

Índice

LA TRAICION

Era una noche lluviosa y fría,
Yo me comportaba misteriosa,
Miraba el reloj cada dos minutos,
Sabía que aparecerías en cualquier momento,
Me negaba a mí misma que aun tendrías resentimientos,
Creía que mi traición habías perdonado,
Esa traición a la cual tú me has orillado,
Ya que nunca tu confianza me has dado,
El tiempo sigue pasando y aun te sigo esperando,
No vendrás lo sé pero yo aquí seguiré esperando.

MILLONARIA DE AMOR

No busques una persona rica,
Busca una millonaria,
Millonaria de amor,
Para que te ayude a repartir,
Millonaria de fe,
Para que le ayudes a distribuirla,
Millonaria de buenos sentimientos,
Para que sea comprensiva,
Y nunca te cache en tus movidas.

LA ELEJIDA

Cuando encuentres a la persona adecuada,
Te darás cuenta lo que vale,
No por lo que tiene no por lo que hace,
Entonces veras como en tu corazón el amor nace,
Y te darás cuenta que la vida te pago con creces,
Aunque pienses que no te lo mereces,
No la dejes ir porque esa suerte no llega dos veces.

CON CRUELDAD

Las experiencias pasadas,
Cruelmente son arrancadas,
Con palabras fuertes como puñaladas,
Y te hacen la vida bien amargada,
Hasta que terminas toda desolada,
Te aflige tanto que solo de pensarlo,
Me da escalofrió y hasta helada me deja,
Tal vez dirás tu a mí no me ha pasado,
No finjas ni quieras ocultarlo,
Porque nadie puede ocultarlo,
Es el destino así lo ha señalado.

TU ABANDONO

No lo puedo creer eres tú,
La misma persona que me abandono,
La que de otros sus mentiras escucho,
Si has vuelto es porque tu corazón se convenció que inocente soy yo,
¿Por qué?, ¿Por qué piensas que te aceptare?, no, no, no,
A otro lado a regalar tu amor porque en mi solo dejaste dolor,
Convéncete nada tengo para ti, y aunque te parezca raro,
Mis labios no volverás a besar, no eso jamás,
Porque yo por ti ya nada siento,
Y hasta de todo lo que te di, ahora me arrepiento,
¿Qué quieres?, Así lo siento,
Porque gracias a ti conocí el sufrimiento,
Que de ti aprendí a paso lento,
No esperes nada de mí, nada guardo aquí,
Y lo mismo que tú me hiciste a mí, espera lo mismo de mí,
Ahora yo me fui y ni siquiera de ti me despedí ya que contigo fue así,
Ahora yo me vengare de ti,
Mis experiencias de ti me aconsejan a mí,
Que me oculte de ti para que sufras por mí.

ME CANSE

Mírame aquí estoy con el corazón en la mano,
Mírame con solo una razón he venido,
Pues mi orgullo me he comido,
Escúchame no seas desalmado,
Que venir mucho me ha costado,
Porque yo a nadie le he rogado aunque mucho lo he pensado,
Eres cruel y arrogante, te encanta que yo venga a rogarte,
Esta será la última vez que vengo a buscarte,
Porque aunque me trates de ignorante,
Buscare la forma de humillarte,
Porque cansada estoy de tanto buscarte,
Te amo pero por ti no voy a suicidarme,
Si no me quieres oír es tiempo de marcharme.

MAL TE PORTASTE

Vete que no voy a extrañarte y mi amor jamás vuelvo a darte,
Ya que conmigo muy mal te portaste,
Y así como a mí un día llegaste al igual te largaste,
Después que me fallaste y muy mal te portaste y hasta de mi te burlaste,
Y desde ahora te digo no voy a perdonarte,
Y no solo porque de mi te marchaste sino porque siempre,
Fuiste falso y arrogante, si falso y arrogante por eso que bueno,
Que me dejaste y a buena hora te largaste.

COMPRENCION

Es un orgullo ser como soy, pues feliz estoy yo sábelo hoy,
No me arrepiento quien soy ni tampoco lo que hoy soy,
Tengo defectos como tú, tengo mi orgullo al igual que tú,
No busques en mi la perfección solo mira mi decisión,
Yo solo busco tu comprensión dime tu solución,
No conozco la traición, estoy muy lejos de la contaminación,
Del amor no he sentido la reacción dicen que es como una devoción,
No sé si es bueno o malo a ver sentido alguna vez la pasión,
Ay tanta sinceridad en mí, por eso me acerque a ti,
Y de ti solo espero tu solución, pues en mí no existe la tentación,
Yo le pregunto a tu corazón, no me rechaces y si lo haces,
Tal vez tienes alguna razón, compréndeme no me dejes,
Solo en este camino ayúdame a seguir con este orgullo,
Que al hablar contigo se convirtió en un grande alivio.

RECOMPENSA

Ha obscuras me he quedado, hoy la electricidad me han cortado,
He tomado la única cobija que me has regalado,
Y sin poder contener el llanto, en el suelo me he sentado,
Porque nunca un sillón o cama me has comprado,
El tiempo siguió pasando y yo seguí esperando,
Y a la vez llorando, pues tú sola me estabas dejando,
Yo sabía que me estabas abandonando,
Hacia un frio tremendo que a mi cuerpo poco a poco iba enfriando,
Y hasta mis lágrimas se estaban congelando,
Apenas podía abrir mis ojos el silencio y las horas seguían pasando,
Me canse de seguir contando,
Sabía que mi final se estaba acercando,
Y sin saber de ti, presentía que para siempre me estaba alejando,
Porque tú, con abandono y soledad me has castigado,
Sin darme cuenta el tiempo se estaba acabando,
Sentía que poco a poco me estaba alejando,
Y sin saber de ti para siempre me estaba yendo,
Porque tu mi corazón con tu actitud has matado,
Sin saber que pasó el frio se me quito,
Y un calor tibio a mi cuerpo llego,
De pronto una tibia mano me toco, lentamente mis ojos abrí,
Y una cara con una dulce sonrisa allí yo vi,
Mire a mi alrededor y todo lo que vi me sorprendió,
Era un lindo castillo, y el que me miraba era un rey,
Que con tiernas palabras y bella sonrisa,
Con suaves palabras me dijo bajito has llegado al lugar señalado,
Aquí serás una reina y serás eterna,
Y de amor solamente te alimentaras, pues solo eso necesitaras,
Porque eso a tu alma paz le dará.

LO QUE ERES

Mírate al espejo encontraras tu reflejo,
Encontraras una cara que no conoces,
Unos ojos que ni recuerdas,
Esa mirada que miedo te da,
Ese color de pelo que obtuviste,
Esa sombra que queda de ti,
Mírate y vuelve a mirar,
No hay nada de lo que había en ti,
¿Aquello dónde está?,
No, no lo sabes y no lo sabes porque hasta la memoria,
No has podido encontrar,
La dejaste ir, vacío estas,
Ni siquiera, ciento lastima por ti,
Mucho menos compasión,
Eres un estropajo que acabo así,
Un desperdicio caminando a paso lento por la vida,
Sin saber a dónde ir cuanto es lo que has perdido,
¿Y qué es lo que a cambio as obtenido?,
Quien lo dijera con lo creído que eras y tan presumido,
Y ahora no encuentras la salida,
Pues te fuiste por la puerta equivocada,
Pues pensaste que por allí era la entrada,
Pues todas las equivocaciones son cobradas,
Y de alguna manera son pagadas.

EL PODER

¿Estas allí? sé que sí, pues eres mi maestro,
Enséñame a olvidar quiero el pasado alejar de mí,
Borrarlo para siempre oh, maestro encamíname al presente,
Tú tienes el poder, guíame hacia el futuro no me dejes,
Solo porque caminar por la vida es muy duro,
Quédate conmigo pasado presente y futuro,
Oh, amigo mi maestro, has me fuerte,
Pero no de brazos,
Has me grande pero no de cuerpo,
Has me linda pero no de cara,
Has me buena pero no de físico,
Fuerte para aguantar, grande de corazón,
Linda del alma, buena de sentimientos,
Para no guardar ningún resentimiento tú sabes que así lo pienso.
Tal vez así todo lo malo se lo lleva el viento,
Si mi maestro yo así lo siento,
Gracias mi maestro.

GRANDE PECADO

Hoy me desperté pensando,
¿Oh, que es lo que está pasando?,
Porque contigo yo estoy soñando,
¿Sera que de ti me estoy enamorando?,
Pero que estoy diciendo, como me estoy atreviendo,
¿O en vos alta estoy pensando?,
¿Sera que me estoy enamorando?,
¿Pero que estoy diciendo, que es lo que está sucediendo?,
Podre ocultar lo que por ti estoy sintiendo,
O seré fuerte y te evitare cada vez que tú mirada este sintiendo,
Aunque sigas insistiendo tú,
Te darás cuenta que mi corazón por ti está sufriendo,
¿Oh que puedo hacer?,
Porque tu camino y el mío se han cruzado,
¿Sera que con la duda viviré?,
¿O será que mi corazón también a ti, te ha flechado?,
Y lo mismo a ti, te ha pasado será así,

Si así fuese, ¿oh que haremos viviremos este pecado?,
O pretendemos que nada ha pasado,
¿O viviremos con dicha o desdicha?,
Veremos quién es más fuerte,
O con locura nos entregamos,
Porque tú y yo así lo deseamos,
¿Oh pero que estoy diciendo?,
Es una locura lo que estoy soñando,
¿Oh pero que pasa?, me oigo y no lo creo,
Bueno solo es un sueño mejor me duermo,
Y contigo dejo de estar soñando,
Soy una tonta que sueño de locura he tenido,
Y por más que he querido evitarlo no he podido y por consecuencias,
Hasta la cabeza me ha dolido, y en migraña se ha convertido,
Y ahora ni dormirme puedo o será que contigo soñar no quiero,
Para luego volver a despertar.

GRACIAS

Hoy me desperté y otro año encontré,
Mire al cielo y pensé,
Gracias te doy dios mío,
Por llegar hasta aquí,
Y también por conocerte a ti,
Porque ahora sé cuánto te necesito,
Necesito de ti,
Necesito tu mano,
Para apoyarme en ti.

NO ME PERTENECES

Una lágrima cayó en tu mejilla,
Cuando te dije que me iba,
En tus ojos la tristeza se veía,
Pues sabias que no regresaría,
Culpable no me siento,
Culpable es el tiempo,
Nos conocimos en mal momento,
No sabes cuánto lo siento,
Tarde llegaste a mí,
Porque ya a alguien pertenezco.
Nunca quise lastimarte,
Esa es la verdad,
En verdad mucho, mucho lo siento,
Y de pena estoy que reviento,
Y a pesar de todo lo vivido,
Lo cual no me arrepiento,

De tu lado me estoy yendo,
Pero te llevo aquí adentro,
Gracias a dios y a ti,
Porque te conocí y descubrí el amor,
Tú me diste más de que lo yo me merecía,
Todo lo que jamás esperaba,
A tu lado de todo gozaba,
Y nada yo extrañaba,
Era como un cuento de hadas,
Pero hoy de ti me despido,
Sabes cuánto te amo,
Pero me tengo que ir,
Al igual que tu sufro demasiado,
Te llevo aquí muy dentro,
Y aunque así lo siento,
Viviré mi vida,
Como caminar sin agua en un desierto.

JUNTOS

Tú y yo estar juntos es nuestro camino,
Así lo quiso el destino nos ha hecho el uno para el otro,
Es grande tu silencio pues se te acabaron las palabras,
Sabes que el mundo nos pertenece,
Pues nos sigue uniendo cada vez más y más,
Juntos estaremos juntos para siempre,
Tú eres mía y yo soy tuyo, los dos no pertenecemos,
Es muy grande todo lo que nos une,
Así lo prometimos y así lo cumpliremos.

NO BUSQUES MAS

Perdido por la vida andas
No sabes lo que buscas,
No sabes lo que quieres,
Sigue buscando,
Y te sorprenderás,
Cuando mires a todos lados,
Y sin más buscar,
Allí lo encontraras.

BUSCANDOTE

Quisiera mirarte,
Quisiera decirte,
Quisiera encontrarte,
Quisiera abrazarte,
Quisiera besarte con ansias,
Acariciarte yo quisiera,
Pero más que todo,
Conocerte ya quisiera,
Dispuesta a buscarte estoy,
Aunque no te encuentre,
Dispuesta estoy a conformarme,
Si me canso de buscarte.

VETE

Mal sabor de boca me quedo,
Cuando a la cara me gritaste,
Qué esperas para irte,
Te dije que te largaras,
Pero aun estas aquí,
Acaso quedarte quieres,
No, no, no eso ni lo pienses

ERES UNICO

En tus ojos hay dulzura,
En tu corazón ternura,
Tienes alma de aventura,
Palabras de criatura,
Y hasta alma de poeta,
Eres único en este planeta,
Es por eso que por ti todo daría,
Y hasta me arriesgaría,
Aun sabiendo que todo perdería,
Aun por ti yo lucharía,
Y a tu lado eternamente viviría.

SE HA IDO

Era un día cualquiera yo estaba trabajando,
De repente me sentí diferente,
No me sentía bien respirando,
Una angustia me apretaba el pecho,
Era un presentimiento,
Mi corazón me avisaba,
Era que algo estaba pasando,
Era todo tan extraño mi corazón me estaba avisando,
No pude más y a casa de mi madre salí casi volando,
Pero ya era tarde mi madre me estaba abandonando,
Por eso ese aviso me había llegado,
Cuando la encontré ya casi no estaba respirando,
Y al cielo ya estaba por llegar,
Hice lo que pude pero ya todo era imposible,
Porque allá arriba ya la estaban esperando,
Llego el momento que tuvo que partir,
Que como me sentí, nadie se puede imaginar solo me puse a llorar,
Pues se había ido parte de mí sin poderlo evitar,
Me sentía desmayar y murmurando decía,
¿Señor, porque te la has llevado?,
Si aún no hemos terminado de platicar,
Ay muchas cosas que aún no le contado,
Y ahora te la vienes a llevar,
Por favor ya que sola me dejaste,
Dame fuerzas a mí, para poderlo soportar,
Y quizás algún día deje de llorar.

LA SENSACION

Llegaste a mi vida como ave perdida,
Y al mirarte me quede derretida,
Cuando me miraste me dejaste aturdida,
Al acercarte me sentí temblorosa,
Y al abrazarme me sentí cohibida,
Al besarme me sentí prohibida,
Y ahora el mundo sabe que nos amamos,
Para toda la vida.

DECIRTELO

Quiero que sepas lo que siento,
Quiero decirte lo que pienso,
Quiero que escuches lo que intento,
Sin ti no vivo, sin ti yo muero,
Te amo, te amo,
Y si no te lo digo,
De amor reviento.

LA HUMANIDAD

Soñar no cuesta nada, debería el mundo ser mejor.
Si nosotros, ellos y ustedes juntos mejoramos,
Puede ser creíble porque el mundo sería mejor,
Si todos cooperamos tendríamos hijos mejores y no rebeldes,
Los niños serian felices si todos ayudamos,
Y a nuestros mayores les demostramos cuanto los amamos,
Y todo lo que los necesitamos que dé nuestros hijos seamos cómplices
Para que ellos en nosotros poder confiar,
Y nunca más desesperarnos.
Lindo es estar soñando, amar sería más fácil si todos nos amamos,
La maldad no existiría, del egoísmo no se hablaría,
La palabra pecado del diccionario se borraría,
Solamente belleza abría, belleza del alma que nadie te robaría,
Sin defectos naceríamos y así nadie nos criticaríamos.
Como hermanos nos trataríamos y de la vida gozaríamos,
Pero aunque solo este soñando tomemos en cuenta este pensamiento,
Toquemos nuestros sentimientos y se darán cuenta,
Porque así yo lo siento y aunque nada puedo hacer,
Por lo menos hice el intento,
Aunque estas palabras se las lleve el viento.

EQUIVOCACION

Que soy diferente así dice la gente,
Yo no soy diferente, aunque todos así lo comenten,
Soy como toda la gente, quien me conoce así lo siente,
Pero no puedo evitar lo que la gente piense,
Solo sé que no soy diferente,
No me importa, lo que todos piensen,
Yo no soy diferente pero si inteligente,
Con un corazón gigante,
Para amar aquel que por mí lo mismo siente,
Sin pensar que soy diferente, porque no soy diferente.
Soy como tú te imaginas pero no diferente soy igual que tú,
Tengo dos brazos para abrazarte fuerte,
Tengo unos labios ansiosos de besarte,
Tengo un cuerpo ansioso de tenerte,
Un corazoncito para solo a ti amarte,
Lo ves que no soy diferente,
Tal vez gordito, prietito y feíto soy
O pienso, o ciento diferente pero eso no me hace diferente,
Recuérdalo no soy diferente pésele a quien le pese.

TU RECUERDO

Hoy te llame y no me contestaste será que por eso,
Ayer me rechazaste hoy volveré a llamarte,
Y si no me contestas iré a buscarte,
Aunque ayer me rechazaste,
Te buscare, te buscare hasta encontrarte,
No temas yo solo quiero decirte,
Que te llevo aquí muy dentro,
Y esperare por ti no me importa que mucho tenga que esperar,
No se te olvide que tú me embarazaste,
Y eso es lo que de ti llevo dentro,
Aunque tú digas que es puro cuento,
No sabes cuánto lo siento,
Pues aunque me fallaste no me arrepiento.

SIN PARAR

No mires hacia atrás
Olvida lo que ya dejaste,
Sigue de frente y disfruta,
Lo que sin querer ya en contraste,
No pares sigue,
Sigue para adelante,
Pero sin frustrarte.

SINCERA AMISTAD

Es difícil encontrarlo diría yo,
Que imposible aquel que te da la mano,
Aquel que el secreto te guarda,
Aquel que para ti está allí, aquel que no te traiciona,
Aquel que te da un consejo, aquel que todo da por ti,
Aquel que tus defectos no mira, aquel que no te critica,
Aquel que contigo comparte hasta un dolor,
Aquel que contigo sufre, aquel que no te pregunta,
Aquel que nunca te exige,
Aquel que no mira tu edad, tú sexo tu religión,
Aquel que solo mira tú corazón,
Aquel que mil razones tiene para estar allí,
Aquel que ni nombre le encuentras,
Aquel que es más que un hermano y más que un padre,
Se puede considerar aquel que no se puede encontrar,
Aquel que le llamamos amigo, ¿Dónde te puedo encontrar?,
Aquel que te da su confianza y te brinda su amistad,
Aquel que para siempre te sabe respetar,
Oh amigo, amigo, amigo donde estas amigo leal.

REVANCHA

El cielo esta nublado,
Y tú te comportas muy raro,
Pero ni creas que me hayas derrotado,
Porque a tus caprichos me he acostumbrado,
Y aunque diferente has actuado,
Y nunca amor me has demostrado,
Por capricho yo también a tu lado estaré,
Para que tu vida sea un desastre,
Y aunque de mi quieras vengarte,
Aun así voy a soportarte,
Tal vez algún día aprendas a humillarte,
O seguiremos así con todo esto
Hecho un desastre o aprendes a enamorarte.

CAPACITADA

Si el amor te duele no es sincero,
Si es lo contrario, entonces si es verdadero,
Y con el quédate y amalo,
Demuéstrale tu sinceridad,
Y enséñale tu capacidad.

INCAPACIDAD

Miedo te da la realidad,
Pues no te sientes con capacidad,
Sientes que la verdad no existe,
Pues le temes a la maldad,
Siempre temeroso estarás,
Y mucho más miedo tendrás,
Cuando conozcas la crueldad.

LINDA MEMORIA

Siempre tengo en mi memoria,
Lo más lindo de mi niñez,
Pues mucho recuerdo,
Aquella linda casita,
Que fue donde yo nací,
Aquel agujeró que mi casa tenía,
Que en ventana se convertía,
Por donde me despertaba el sol,
Recuerdo aquello linda muñeca de cartón,
Que mi madre me regalo,
Que por mala suerte la lluvia me arrebato,
Recuerdo esa blanca Rosa,
Que mi hermano en mi cumpleaños me regalo,
Buenos recuerdos, como los recuerdo yo.

TE DESCONOSCO

No te conozco ¿quién eres?,
Te apareciste en mi vida,
Un día algo vi en tu mirada,
Tenías una tierna sonrisa,
Sera que contigo me equivoque,
No te conozco,
Ha pasado el tiempo y sé que no te conozco,
Ayer estabas molesto y hoy amaneciste enojado,
Como andarás mañana,
No te conozco,
No hay de ti un minuto de atención,
Veinte cuatro horas de abandono,
No te conozco ni describirte puedo,
Porque no te conozco a mi lado estas y a la ves ausente,
Algunas veces prefieres irte que quedarte,
No te conozco,
Te he dado más de lo que tengo,
Y tú quieres más de lo que puedo,
No te conozco,
Te molesta lo poco que das,
Parece dolerte nada te importa,
No cuidas lo que tienes tampoco lo compartes,
No te conozco,
Piensas que tú todo te lo mereces,
No te conozco,
A veces eres egoísta otras muy cruel,
Una vez al año eres detallista,
No te conozco, te amo y no sé porque,
Si no te conozco, será por eso,
Porque no te conozco.

LA DUDA

Gracias por cruzarte en mi camino,
Ha sido lo más lindo,
Gracias por convertirte en mi destino único,
Lo que tú y yo sentimos si lo practicamos,
Eso un día lo decidimos,
Y para no fallar mejor nos resignamos,
Y solo con dios lo platicamos,
Porque gracias a él nos conocimos,
Y si el pecado cometemos,
Solo dios sabrá juzgarnos,
Y solo el querrá perdonarnos,
Si acaso fallamos.

QUE SOMOS

No somos nada,
Venimos al mundo sin nada,
Y sin nada nos vamos,
Del dinero nos apoderamos
Y del amor nos olvidamos,
Y todo lo bueno lo ignoramos,
Y para que si nada somos, solo cuerpo,
Que no nos pertenece y que ni siquiera cuidamos,
Y un cerebro que nunca lo usamos,
Y un alma que mucho castigamos,
Sábelo no somos nada créelo o no,
No somos nada acéptalo,
Y si no cuanto apostamos.

PIENSALO

Si porque te quiero tanto,
Piensas que te estaré rogando,
Mil cosas tendrás conmigo,
Que con otro jamás las tendrás,
Tenerte como te tengo,
Como una Reyna conmigo estas,
Y siempre la vida disfrutaras,
Pero si decides irte de mí,
Te acordaras porque a mi lado no volverás.

LO VIVIDO

Los últimos días que pase contigo,
Quisiera olvidarlos pero no he podido,
Quisiera olvidar todo lo vivido,
Y solo en recuerdo convertirlo,
Lo que viví contigo,
No quiero volver a vivirlo,
Pues vivirlo es como un castigo,
Sin haberlo merecido,
Lo que viví contigo,
Es como un sueño muy maldecido,
Lo que viví contigo,
Le llamaría lo prohibido,
Pues de esa forma sí que he aprendido,
Lo que viví contigo,
Es como estarse ahogando debajo del agua,
Lo que viví contigo es todo eso.
Lo que viví contigo.

MALDAD

Era una niña que no podía comprender,
Porque ese hombre a su madre golpeaba y a ella la ignoraba,
Muchas veces trato de defenderla, pero por su edad no podía,
Otras veces con ella lloraba su padecer,
Feliz siempre andaba, cuando ese hombre a la casa no llegaba,
Y a lado de su madre gozaba pues para, ella su madre era sagrada,
Y si a su lado ella no estaba, hasta el amanecer ella lloraba,
Volvía a llegar ese día en que ese hombre a la casa volvía,
Y su madre de nuevo sufriría,
Pues ese hombre en vez de amor golpes le daría,
Al llegar la hora que ese hombre llegaría, temerosa ella se sentía,
Pues pronto ese hombre llegaría,
Buscando por todos lados a ver por donde se escondería,
Pues sabía que lo mejor sería porque ella también sufriría,
Así pasó mucho tiempo,
Nunca supo cuánto su madre aguantaría,
Pues a ese hombre tanto lo amaba,
Que de su lado nunca se marcharía,
Aunque ella mucho lo deseaba,

Con dolor fue creciendo esa niña,
Y aunque ella no lo sabía,
Rencor en su alma fue creciendo,
Y Poco a poco fue comprendiendo,
Que ese hombre su corazón de niña fue rompiendo,
Y en cachitos se fue convirtiendo,
Pues amor nunca le dio,
Ese hombre el amor no lo conocía,
Pues nunca ese hombre pensó,
Que en viejo se convertiría y la vida sus cuentas le cobrarían,
Y solo quedaría y esa niña al final lo perdonaría,
Pues ese hombre de esa niña era su padre,
Un padre que nunca supo el significado que es padre,
Un papel que le quedo grande un papel que no mereció,
Pues odio y rencor en dos corazones sembró,
Y este pensamiento a los malos padres esa niña les dedico,
No es posible que existan esos padres sin alma y sin corazón,
Saben que tengo razón del hombre robot.

HUIR

Cuando te vi me sorprendí,
Cuando te trate me arrepentí,
Cuando te bese de nuevo me arrepentí,
Pero el día que me quise ir,
Ya era tarde para huir.

MIRATE AL ESPEJO

He tocado tu mano, estas temblando,
He mirado tus ojos, estas llorando,
He sentido tu alma, estas sufriendo,
He sentido tus fuerzas estas cayendo,
Se lo que estás pasando,
No llores no sufras no desmayes,
Se fuerte limpia esas lágrimas,
Quítate esa tristeza, llénate de alegría,
Mírate al espejo, y pregúntale,
¿Vale la pena todo esto?, No…Yo soy más valiosa yo soy,
Primero la vida es maravillosa y grande soy yo,
Soy lo que quiero ser,
Yo he nacido para reír y no para sufrir,
Me amo y ya es tiempo de la vida vivir,
Y el consejo del espejo voy a seguir.

HABLE CON DIOS

Ha llegado ese día ha llegado el momento,
En que en tu esposa me convierto, estoy más alegre que nunca,
Mi corazón salta de alegría pues en pocas horas al altar,
Yo llegare pero de pronto una duda me asalto,
Y me puse a reflexionar mirando mí vestido blanco y mi corona de azar,
Me dije porque esta felicidad porque voy al altar,
Yo no soy robot como voy a llegar como voy yo a actuar,
Si lo que los dos sentimos no es igual,
El tiempo seguía pasando y yo no podía comprender,
Y así seguí pensando y acabe llorando,
De pronto me empecé a vestir pero tanto lloraba,
Que hasta mi maquillaje, volví a corregir,
Mire Asia un lado y allí estaba el espejo acusador,
Me miraba y me decía te veo y no lo creo como lo puedes hacer,
Él no se merece esto, que haces él no lo puede merecer,
De pronto escuche un silbido era mi hermano que ya me llamaba,
Por última vez me mire al espejo tome mi ramo y salí despacio,
Y con mi hermano al volante manejando íbamos en silencio,
Así llegamos y allí estaba me estaba esperando con sus arruguitas,
Y su pelo blanco y así me tiro una sonrisa y se veía feliz,
Y mi hermano murmurando decía ahora es que comprendo,
Sin pensarlo más al altar empecé a caminar,
Y me olvide de dudar y escuche otra vos que decía para el amor no hay edad,
Este hombre de su amor te contagiara y con el tiempo,
Lo llegaras a amar tómalo sin dudar y de pronto mi corazón,
Empezó fuerte a palpitar porque gracias a esto con dios yo pude hablar.

CANSADO

He llegado muy lejos y cansado estoy déjame sentarme un poco,
Pues aire quiero respirar no me exijas demasiado,
Pues hasta aquí quiero llegar no me des esa mirada,
Pues me siento acorralada y tanto desolada,
Que más no puedo ya si ni siquiera me dejas respirar,
Y al igual que yo algún día como yo te miraras.

CELOSO

Eres un odioso te has convertido en un celoso,
Por eso te crees un poderoso,
Y hasta te pones muy roñoso,
Hasta se te ha quitado lo cariñoso,
Ya no puedo más ya me cansaste,
Y por eso he decidido dejarte,
No me queda más que abandonarte,
Y así de mi lado alejarte,
Y no tener que soportarte,
Un día me dijiste conmigo quiero tenerte,
Y para siempre amarte,
Y prometo no celarte,
Pero tu promesa no cumpliste,
Y en un celoso te convertiste,
Era mucho lo que yo te amaba,
Pero hasta con eso acabaste,
Quisiera que me dijeras por qué cambiaste,
Si siempre en mí confiaste,

En qué momento la confianza en mí perdiste,
De tu lado me iré sin ni siquiera despedirme,
Porque no quiero que creas,
Que vas a convencerme,
Para poder quedarme,
No y nunca piensas en recompensarme,
Es por eso que hoy ni lo pienses ni por un segundo,
Porque a tu lado un día vas a matarme,
No hay en ti, ni un minuto,
Que dejes de celarme,
No voy y no voy a regresarme
Y jamás intentes buscarme,
Porque no vas a encontrarme,
Mejor has por olvidarme
Y busca alguien que te aguante,
Pero antes tienes que comunicarle soy celoso,
¿Podrás aguantarme?,
Y veras que ni siquiera a ti va a acercarse.

TE VAS

Hoy te vi pasar y me tiraste una mirada,
Y yo te lancé una pedrada,
Porque ayer vi pasear te,
De la mano con mi hermana,
Pensarás que celosa estoy,
Y como no si es muy linda la condenada,
Pero yo no me puedo quejar,
Yo también estoy de buen ver,
Y aunque no te quiera ver,
Porque me apena lo de ayer,
Y hoy he decidido que,
Te quedes con mi hermana,
Así te lo are saber esta mañana después,
De todo me conformo te voy a olvidar,
Aunque no sé cómo,
Pero lo voy a lograr aunque para eso,
Mucho, mucho tenga que llorar,
Pero lo voy a intentar aunque,
El corazón me tenga que desgarrar.

MUJERCITA

Era una mujer en el cuerpo de una niña,
Me enamore, De aquel príncipe,
Era un hermoso príncipe,
Que ni en mil años en mí se fijaría,
Aunque con el soñaba de noche y de día,
Soñaba con esos labios que algún día me besarían,
Soñaba con esos brazos que fuerte me abrazarían
Soñaba con ese cuerpo que a mí se entregaría,
Tal vez si me miraras con eso me conformaría,
Sabía que eso no sucedería él era un príncipe,
Y yo una niña que mucho, mucho pedía,
El amor de ese príncipe que nunca tendría,
Esta niña mujer callada se quedaría.
Porque ese príncipe otro rumbo tenia,
Y una princesa buscaría y lo mío al olvido se iría,
Porque aunque esta niña también crecerá,
Pero a su príncipe nunca podrá olvidar,
Aunque sin sentir sus besos,
Sin sentir sus brazos, sin tocar su cuerpo,
Ese príncipe en mi corazón,
Se quedara y solo lo recordare
Como si fuera un cuento.

SIN CARACTER

Como una estúpida que dejan,
Que los demás decidan qué hacer,
Como una tonta que no piensa no come, no duerme,
Que solo en ti piensa, todo da por ti,
Todo hace por ti, y vive para ti, estoy enferma de ti,
No quiero estar lejos de ti, en tu sombra me convierto,
Allá y aquí un muñeco de trapo as hecho de mí,
Y todo por lo estúpida que soy.

LA CARTA

Hoy una carta quise enviarte,
Para que sepas que sí estoy de tu parte,
Así que relájate y deja de preocuparte,
Que alguien como yo,
No se encuentra en cualquier parte.

MORBO

Que ojos tan hermosos,
Que labios tan preciosos,
Tus miradas me fascinan,
Tus besos me enloquecen,
Tu caminar me provoca,
Tú aroma me vuelve loca,
Quiero agarrarte y abrazarte,
Y en la boca quiero besarte,
Y arrancarte la ropa,
En cada beso morderte la boca,
Recorrer cada espacio de tu piel,
Hasta más no poder,
Sentir lo suave de tu cuerpo,
Palparlo para saber que es real,
Quiero saltar de alegría,
Quiero en tus brazos ser estrechada,
Y tener el alma desnuda,
Perdida entre tu piel,
Oír tus dulces palabras
Portarme como una gata,
Llena, llena de curiosidad,
Llegando los dos tan lejos
Hasta la morbosidad.

MOSTROUSIDAD

Destino triste, triste destino
Era el que a mí me había tocado,
Estaba en la etapa de la inocencia,
Cuando ese monstruo llamado hombre,
Se cruzó conmigo era gigante peor que un animal,
Pues gozaba cada vez que me trataba mal,
Yo era tan pequeñita que mucho miedo tenía,
Me tenía encerrada y día y noche me vigilaba,
Me golpeaba, y a insultos me gritaba,
Y yo solo la cabeza agachaba,
Ya no lloraba, no reclamaba y a veces ni respiraba,
Para que él no se molestara, que grande pesadilla,
Salir corriendo de allí yo quería pero no podía,
Porque detrás de mí correría y mucho más me golpearía,
Era todo tan triste que más no podía,
Ya que hasta sus cómplices me odiaban,
Y también me maltrataban y con eso gozaba
Y hasta lo celebraban, no podía más,
Oh, qué destino el que yo tenía, que tristeza en mi vivía,
Ya más no podía y una noche,
Me dije a mi misma hoy será el fin,
Con ansias al llegar la noche,

Un rincón busque y quietamente me oculte,
Conmigo me lleve las primeras medicinas que encontré,
Y sin pensarlo más todas me las tome,
Pasaron las horas y creo que dormida me quede,
Que paso no lo sé,
Allí estaba fue lo que pensé cuando desperté.
Ni diosito me quiere fue lo que murmure,
Porque como sin nada desperté,
Y así mis ojos abrí al amanecer ni pensarlo quería,
Pero ese maldito destino todavía me esperaba
Así pasaron los años y viejo se hizo ese monstruo,
Por eso un día dormido se quedó,
Y por eso me pude escapar,
Salí corriendo y hasta el mar fui a dar,
Y mirando al cielo dije gracias señor,
Porque al fin de mi te pudiste acordar,
Llévame por el camino donde el amor pueda encontrar,
Y a ese monstruo de mí mente pueda borrar,
Y que su maldición nunca me pueda alcanzar,
Y yo en mi vida me pueda realizar,
Y tu señor ojala y un día lo puedas perdonar,
Y así en paz todos podemos descansar.

ESPERANDOTE

Esta tarde te espero en el parque,
Pues me muero por besarte,
Y al oído decirte quiero estar contigo para gozarte,
Y toda la noche abrazarte,
Para que no tengas porque quejarte,
Y no preocuparte y tú debes apurarte,
Porque me muero por ya tenerte,
Y en mis brazos refugiarte,
Y de puro amor asfixiarte.

QUE EMOCION

Me duele el corazón,
Me muero de emoción,
Estas, Tan linda hoy,
Que hasta me despiertas la tentación,
La duda me está matando,
¿O es que tú me estas coqueteando?,
Sé que no tengo motivos,
Pero de nuevo te voy a preguntar,
¿Quieres la noche, pasar conmigo?

LA DIFERENCIA

Hay aquellos que saben amar,
Otros que saben fingir,
Unos tratan de imitar,
Los que aman es hasta la eternidad,
Los que fingen lo hace sin naturalidad,
Los que imitan son una atrocidad,
Y nunca saben cuál es la verdad,
El que ama no miente,
Respeta apoyo te da,
Y a tu lado siempre esta,
Los que fingen para que les creas,
Hasta se ponen a llorar,
Por eso estos, esos y aquellos,
Ruega a dios que solo con los que aman,
Te puedas encontrar.

PEDASITO DE FE

Eres un camino de esperanza,
Un cachito de mi fe,
Que me importa lo que digan,
Lo que importa es lo que se,
Pero más importante, es que a ti llegue,
Y digan lo que digan aquí me quedare

UN ADIOS

Te conocí en enero,
Y en diciembre te perdí,
Fueron doce meses,
De amor y entrega,
Siete días a la semana,
Viviendo nuestro amor,
Cuatro semanas al mes,
Gozando uno del otro,
Trescientos sesenta y cinco días de alegría,
Nunca pensé que algún día te perdería,
Más tengo que resignarme,
Me avisas que te vas,
Yo sé que no podías quedarte,
Por eso tienes que marcharte,
Y aun sabiendo cuanto te amo,
Dejo que te marches,
Yo sé que nunca voy a olvidarte,
Te vas pero en mi quedas,
Esos besos tuyos,
De mí no podrán salir,
Esas noches juntas,
No podrán olvidarse,

Te amo como a nadie,
Pero a mi corazón le pido callarse,
Pero no quiere,
Porque a gritos me reclama,
Pero algún día comprenderá,
Y fuerzas sacara,
Aunque piense que vas a volver,
Porque lo nuestro fue de verdad,
y nunca hubo falsedad,
Solamente amor, amor, amor y más amor,
En abundad lo nuestro,
Fue más que un sueño,
Que nosotros convertimos en realidad,
Del cual nunca,
Hubiéramos querido despertar,
Pero ya no hay más remedio,
Y ya nada podemos evitar,
Esto no es un adiós,
Sino hasta siempre.

VUELA PAJARITO

Pajarito abre tus hermosas alas,
Y ve y dile a mi amor,
Que por el estoy llorando
Que por su ausencia sufro,
Y su abandono lloro,
Este silencio me está acabando,
Por su culpa estoy dudando,
Anda ve pajarito vuela y tráeme noticias,
Porque mi corazón está hecho trisas,
Pregúntale porque no me ha llamado,
Sera, que me ha olvidado,
U otro amor ha encontrado,
Por eso no me ha buscado,
Anda y dile que aquí voy a esperarlo,
Pajarito convéncelo para que regrese a mi lado,
Y no me deje aquí llorando,
Porque esa ausencia me está matando,
Y ya me siento agonizando,
Quisiera de su amor estar gozando,
Anda pajarito vuela y no dejes de volar,
Y lo que le vas a decir no se te valla a olvidar,
Dile que aquí me he sentado a esperar,
Y dile que es mejor que venga,
Para que ya yo deje de llorar,
Y al aire poder respirar.

VENGANZA

Estas equivocado,
Yo sé que mucho, mucho,
Te han dañado,
Olvida la venganza,
Ni pienses en revanchas,
Mira a tu alrededor,
Y veras tantas muchachas,
Échale llave a lo que te ha pasado,
Escucha lo que te digo,
Estas equivocado.

SIN PROBLEMAS

Todos deberíamos de meditar,
Y encontrar la tranquilidad,
Para poderse relajar y amar con libertad,
Aunque otros se quieran fastidiar

CUPIDO

Es un inolvidable día,
Un día esperado,
Es un día que ha llegado,
Una fecha para recordar el momento,
Para demostrar lo que sientes,
Para regalar incontables segundos,
Para amar sin palabras,
Para describir una inmensa felicidad,
Que nadie te puede robar,
Y si en algún libro se pudiera escribir,
Como a ese libro le llamarías,
Día de san Valentín.

CORAZON DE PIEDRA

Mirando a través de la ventana,
Mirando las montañas,
Me he puesto nostálgica,
Me han hecho suspirar,
He pensado quien como ellas,
Que no necesitan un corazón para palpitar,
Son libres y sin dueño,
Lo único que por ellas pasa,
Es el viento que murmurando va,
Y las calienta el sol,
El frio las refresca, la nieve las cubre,
Y por lo verde cobijadas,
Son esas montañas que duras son,
Son duras como cualquier corazón,
Que mucho, mucho ha sufrido,
Como todo aquel que le han traicionado,
Como aquel que siempre le ha mentido.
Y en roca su corazón se ha convertido,
Porque mucho, mucho les ha dolido,
Y hasta sus sentimientos han perdido,
Y se encuentran confundidos,
Y a vengarse se dedican,
Y no les importa si alguien lo critica.

COMO VIVIR

La tristeza no debería de existir,
Para felices poder vivir,
Y toda la vida vivir,
Para sonreír y sonreír para vivir

NUESTRO AMOR

De mil amores te digo,
Gracias por esas flores,
Que cada día tú me das,
Pero también voy a reclamarte,
No basta con las flores,
Si de mí, cercas no estas,
Y me llena de tristeza cuando tú te vas,
Muchas son las horas,
Que tengo que esperar,
Pensando que nunca vas a llegar,
Algunas veces creo que no debo exagerar,
Pero que quieres yo no me puedo controlar,
Perdóname por si acaso te pueda lastimar,
Pues no me siento orgullosa de así actuar,
Pues aunque yo quisiera,
Este defecto no me puedo quitar pero,
Aunque defectos tenga nunca te voy a fallar,
Porque yo sé que tú me amas,
Pero yo te amo más,
Y como los dos nos amamos,
Amor nunca nos ha de faltar,
Gracias por amarme tanto,
Pues yo te amo al igual,
Y si el destino quiere,
Llegaremos al altar.

HOY

Hoy quiero volar,
Hoy quiero a tus brazos llegar,
Hoy quiero de alegría gritar,
Hoy siento libertad,
Hoy me siento muy leal,
Hoy nos vamos a encontrar,
Hoy me voy a callar.

ENTRE DOS TIEMPOS

Cerré mis ojos en un año viejo,
Abrí mis ojos y ya es otro año,
A la basura tire mis errores,
Y jamás los repetiré,
Lo bueno lo guarde conmigo,
Y me dije ya llegara algo mejor,
Poquito o mucho pero llegara,
Y cuando llegue solo mío será,
Y solo a mí me pertenecerá.

LA INFIDELIDAD

Reconozco que te he fallado,
Lo lamento pero no me arrepiento,
No me arrepiento aunque fue un error,
Un error que muchos cometemos,
Y ahora te digo lo que siento,
Culpable no, la culpa la tienes tú,
Tu porque a eso me orillaste,
Definitivamente de mí te olvidaste,
Estás conmigo y es como si no estás,
Porque te siento ausente,
Una dulce mirada no hay,
Una tierna caricia no me das,
O una suave palabra,
Un ardiente beso no lo recuerdo,
O un abrazo que provoque,
Solo esperando todo eso,
Esperando de ti estoy,
Mucho es lo que te busco yo,
Mucho lo que yo te doy,
Quien dice te amo, solo yo,
Si yo te lo digo, me lo dices tú,

Si no te digo nada, nada escucho de ti,
Explícame en dos palabras,
¿A eso como le llamarías tú?,
Eso, abandono le llamaría yo,
Todo lo que sentías
Todo lo que mostrabas,
Cuando te conocí,
Con el tiempo se esfumo,
Y con eso a otros brazos me mandaste,
Por eso yo me siento inocente,
Mira a otros brazos mandarme,
Bien que la regaste,
Pues por mi necesidad,
Esos brazos de mí se aprovecharon,
Pues eso me ofrecía lo que yo quería,
Todo ese amor y cariño,
Que tú no me dabas, con él lo tenía,
Esos besos que me mordían,
Ese cuerpo que me excitaba,
Esa piel que me tocaba,
Esa aroma que me encantaba,
Me fascinaba esa mirada,
Me gustaba todo lo que me hacía pues,
Como una Reyna me trataba,
Y nada reclamaba y todo me daba,

Y aunque lindo todo era,
Porque el si me llenaba,
Y su proceder me enloquecía,
Lo tuve que abandonar,
Y tal vez el si me merecía,
Ya que con él, nada me faltaba,
Era como tener el mar, si sed tenías,
Tener comida si hambre tienes,
Tener el sol, si frio sientes,
Deje todo esto por amor,
Amor a mí, por lo que valgo yo,
No por ti, no por qué el
Si me valoraba,
El sí sabía lo que tenía,
Y siempre temía que yo me iría,
Aunque siempre me dijo,
Que no me detendría,
Pero aunque no vuelva,
Allí me esperaría,
Por eso no me arrepiento,
Ese sí valía la pena,
Y vivir contigo es como pagar,
Una condena.

PAREJA PERFECTA

Somos la pareja perfecta,
Nos conocimos por una coincidencia,
Desde la primera vez que nos vimos,
Nos dimos cuenta de lo que sentimos,
Nos enamoramos y decidimos unirnos,
Sabes cuánto te amo, me gusta todo de ti,
La manera tuya de amarme,
Me encantas así, eres dulce como la miel,
Tierno como un bebe pues tu Reyna soy,
Y mi rey eres tú, tú que tanto me das,
Tanto al igual a lo que yo te doy,
Eres lo perfecto para mí.

APRENDE

Si sabes perdonar,
También sabes amar,
Y ya es tiempo que sepas,
Valorar lo que aun tienes.

LO QUE LLEVO DENTRO

Eres frágil y sencilla,
Ven vamos a platicar en esta orilla,
Quiero decirte lo que pienso,
Quiero que sepas,
Cuanto es lo que siento,
Eres linda como una flor,
Son tus labios pétalos de rosa,
Ojos chinos como un clavel,
Pues me hechizan al mirarme,
Que suspirar hace mi corazón,
Me encantan tus sentimientos,
Pues estas en mi pensamiento,
Al igual que en mi grande corazón,
Mi corazón por ti suspira,
Y ciento que me ahogo,
Cuando no te veo,
Es por eso que quiero,
Que sepas que por ti,
Me muero si algún día de mí te alejas,
Cada día te amo más y más,
Tanto que mi pecho,
Quiere explotar con tanto amor,

Que quiere darte, te amo tanto,
Que dormir no puedo,
Porque pienso que si duermo,
Al despertar tú ya no existirás,
A veces te siento ya mía solo mía,
Con solo verte me quisiera conformar,
Pero ya no puedo más,
Anoche cuando te fui a visitar,
Me diste tu retrato,
Pero con eso no me conformo,
Desde el día que aquel,
Que un beso te robe,
Lo que me paso no lo sé,
Mi cuerpo se puso a temblar,
Sentía que me desmayaba,
Y hasta el corazón se me quiso parar,
Sentía el sudor que de mi cuerpo sudaba,
Mi cabeza se calentaba,
Mis ojos casi lloraban,
Pero solo de emoción,
Es por eso que hoy,
Por mí te enteraras,
De todo lo que por ti siento.

OLVIDO

Olvidar que fácil palabra de decir,
Olvidar lo que sientes,
Hasta decir esta palabra,
Se siente un escalofrió,
Que recorre tu cuerpo,
De los pies a la cabeza,
Un escalofrió que te hace temblar,
Olvidar significa miles de cosas,
Entre ellas las más cercanas,
Que te engañaron,
Que te abandonaron,
Que te lastimaron,
Que el corazón te rompió,
Que contigo jugaron,
Y de ti se burlaron,
Mucho te mintieron,
Y también de ti se olvidaron,
Y a olvidar te obligaron sin preguntarte,
Si olvidar tú querías.

ASI SOY YO

No me digas que me engañas,
Porque ni pienses que me llenas de espanto,
Pues hace años curado de espanto estoy.
A los quince años me mintieron,
A los veinte años me engañaron,
A los treinta años me pusieron los cuernos y
Hoy tú me dices que te vas con otro,
Pues vete no me importa, ya vendrá otra,
Tu tranquila vete que a que me fallen
Ya me acostumbre,
Vete que por ti ni por nadie moriré,
Soy como me hicieron,
Y me hicieron lo que soy,
Así que no me culpen por lo que yo soy.

DONDE ESTAS

Son las dos y no has llamado,
Son las tres y no has llegado,
¿Qué es lo que contigo pasa?,
¿Porque te estas tardando?,
Si sabes que si tú no estás,
Dormir, no puedo.

MIS TEMORES

Te traigo estas flores,
Te las traigo con temores,
Tal vez no te gusten sus colores,
Te traje estos colores porque,
Cada uno te dirá de mí un secreto,
El blanco te dirá que amo tu inocencia,
El rosa te dirá que me encanta tu ternura,
El amarillo dirá solo dios sabe nuestro destino,
El rojo te dirá cuanto amor y pasión por ti tengo,
El azul te dirá que de ti nunca espero una desilusión,
Y lo verde de sus ojos te explicara,
Que nuestra esperanza nunca morirá,
Y con eso se acaban mis temores,
Y solo quedan nuestros amores.

ECHISADO

Bruja me llaman porque te eh, hechizado,
Mi mirada ha embrujado todos tus sentidos,
Nada haces, por en mi estar pensando,
Y que de día y de noche pasas,
Solo por mí suspirando,
Que tanto en mi piensas,
Que por las calles solo, andas hablando,
Que la gente, raro te mira,
Porque en las esquinas solo te sonríes
Que solo por mí es que vives,
Que solo de mi habla,
Que hasta a la gente enfadas,
Por tanto que a mi te refieres,
Que hay veces que cuando de mi te acuerdas,
Se te llenan los ojos de lágrimas,
Que al mundo le gritas cuánto me amas,
Que al cielo mi nombre llamas,
Y sin perder el tiempo a mi puerta llamas,
Pues no quieres estar ni un momento,
Sin volver a ver esa mirada,
Que sin darme cuenta te dejo hechizado,
Y por culpa tuya,
Ahora bruja es que me han llamado,
Porque lo mucho que me amas,

FUEGO

Que caliente día,
Me estoy muriendo de calor,
Quisiera quitarme la ropa,
No lo puedo soportar,
Es un calor intenso,
De la cabeza, A los pies,
Como el fuego que me das,
Ese calor que me excita,
Cuando a mi lado estas,
Ya que solo tú sabes este fuego apagar.
Es mejor que vengas para nuestros fuegos juntar,
Será como una bomba a punto de explotar.

ERES MI ADICCION

Me encanta todo de ti,
Esos ojos tan preciosos,
Esos labios tan fogosos,
Esos brazos tan antojosos,
Con esos grandes músculos.
Que tanto se me antojan,
Esa piel color de miel,
Gracias dios por este regalo,
Que me has querido dar,
Pues me has dado todo,
Para poderlo disfrutar,
Te prometo en este día,
Que lo que me diste,
Con mucho amor lo he de cuidar,
Para así el cielo poderme ganar,
Pues me has dado todo,
Lo que cualquier mujer quisiera encontrar,
Pero por más que lo busquen,
Nunca lo van a encontrar,
Porque mas no hay,
Porque el único que había,
A mí me lo quisiste dar,
Es por eso que lo debo de conservar,
Y evitar que alguien me lo quiera robar,
Porque siempre ay un alguien,
Que se venga a insinuar,
Pero a ese alguien aquí la voy a esperar,
Porque yo con, uñas y dientes,
Por ti voy a pelear,
Ya que tanto te amo
Y no te voy a fallar.

YA NO HAY

Buscando lo que no existe por la vida voy,
Pues quiero encontrar un rey,
Para yo su Reyna ser,
Que por casa me ponga un palacio,
Que diamantes me dé,
Que todo me dé en charola de plata,
Y que mil sirvientas me tengan,
Pues me lo merezco,
Como Reyna que soy,
Que ames a tu alteza
Pues es la virtud de un rey,
Que tengamos una princesa,
Que vivamos entre realeza,
Que disfrutemos las riquezas,
Que nunca tengamos tristezas,
Solamente bellezas,
Y así amarnos de corazón,
Y como tanto amor tenemos,
Por él mundo viajaremos,
Y en París viviremos,
Barcos y aviones tendremos,
Carros del año y de nada quejarnos,
Y solo adorarnos,
Déjenme que ida de la mente estoy,
Porque lo que busco no existe,
Y si tú sabes dónde dímelo,
Para ir pero aunque corona no traigas,
Igualmente tu Reyna soy,
Y mi rey eres tú

TRISTEZA

Tristeza, que es la tristeza,
La tristeza es como una puñalada,
Que se te queda clavada muy dentro,
Y que cada día va creciendo,
Es como una plantita que cada día,
Va creciendo más y más y más,
Esa tristeza que no se va,
Porque se convierte en tu compañera,
Y te acompaña por donde quiera,
Y nunca te abandona esa grande tristeza,
Y te convierte en quien tú eres con cara de tristeza.

DECIDE

Estas aquí porque quieres,
Yo no te detengo,
Al fin y al cabo eres,
Un ir y vengo, vas y vienes
Cuando quieres,
Y nadie te detiene,
Espero que te decidas,
Decide lo que quieras,
O te vas, o te quedas,
O te quedas, o te vas,
Pero ponte un alto a esto,
Pero has lo ya.

VENCERLOS

Quiero que hoy,
Te pongas en mis zapatos,
Que no ignores,
Que no me quieren en tu casa,
No es porque a mí me importe,
Pero es difícil entender que te humillen,
Que te ignoren, y que dé ti se burlen,
Pues su rechazo es grande,
Pero no tienen motivos,
Pues espero en dios,
Que este no sea un castigo,
Difícil para pagar,
Y si fuese así con tu ayuda,
Esta cruz en la espalda vamos a cargar.

BUENO NO HAY

Buenos hombres pocos hay,
Malos son los que hasta sobran,
Mujeres malas muchas hay,
Buenas son las que hacen falta,
Hombres sin corazón son los que encuentras,
Hombres con corazón nunca hay,
Mujeres vacías sobran,
Mujeres enteras son contadas,
Hombres malditos en la calle,
Hombres benditos en la iglesia,
Mujeres malditas donde quiera,
Mujeres benditas en la iglesia.

MI ESTRELLA

A solas en mi cuarto
Por la ventana mirando las estrellas,
Pues te busco entre ellas,
Y en vos alta pensando,
Me dije yo mismo,
¿Dónde está mi estrella?,
Es esa o aquella,
Será la que más brilla,
O será la que opaca esta,
Debe ser la más brillante,
Porque es la que me mira,
Y parece hablarme desde lejos,
Parece decirme soy inalcanzable,
Porque la distancia que tenemos,
Nunca lo sabremos,
Y nunca me alcanzaras,
Pues nunca una estrella,
Se puede alcanzar,

Y eso soy yo para ti,
Una estrella difícil de alcanzar,
Volviendo la cabeza hacia abajo,
Triste me puse a pensar,
Tiene razón mí estrella,
No la puedo alcanzar,
Necesito convertirme en lucero,
Para con ella estar,
Pero convertirme en lucero,
Difícil va a estar,
Porque ya ay suficientes luceros,
Alrededor de ella,
Que al oído le han de hablar,
Y como ella es una estrella,
Pues les va a escuchar,
Destino cruel no me apartes de ella,
Pues a ella quiero llegar,
Y aunque el mundo se oponga,
Con ella me voy a estrellar,

NO PUEDO

Si pudiera convencerte,
Si pudiera detenerte,
Si pudiera como una flor plantarte,
Si pudiera solo a ti dedicarte el tiempo
Si pudiera con todo esto… Poder.

VENENO

No te pongas enojado,
Ni enseñes tu maldad,
Pues si sigues agresivo,
Solo te vas a quedar,
No me gusta tu carácter,
No me gusta tu agresividad,
Mucho menos tu maldad,
Pues el día que dé ti está cansado,
Eso ojos malosos nunca me verán,
Más por castigo,
Solo tendrás a tu lado la soledad,
Y tú solo tu veneno te comerás.

NO LLEGASTE

Las horas marca el reloj,
Pues dijiste que hoy llegarías,
Esperando tu llegada,
En el aeropuerto estoy,
Las doce marca el reloj,
Y nadie anuncia tu llegada,
Allí sigo yo entre tanta gente,
Que no conozco,
Ni ellos saben quién yo soy,
De nuevo miro el reloj,
Ya casi va amanecer, y nada se de ti,
Y con tanta mirada me fui,
Al café de la esquina,
Y así me tome un café otro y otro,
Y no sé cuántos más,
Y ya borracha de café quede,
A donde estaba regrese y aun nada,
Seguí unas horas más esperando,
Y ya me estaba desesperando,
Pues hasta ganas tenía de estar llorando,
Pues sentí, que tu solo me estuviste usando,
Y yo que con amor te estaba esperando
Otra vez me mentiste y me has estado engañando,
Es difícil comprender,
Como dos veces me deje engañar,
Desde la primera no lo debí permitir,
Pero no habrá una tercera vez,
Y es cierto, esta vez pues a mí no me volverás a ver,
Pues as jugado con mis sentimientos
Olvida el camino de vuelta,
Y a aparecerte nunca vuelvas.

TUS VIRTUDES

Aplaudo tu carácter,
Y hasta quiero coronarte,
Pues tienes tantas virtudes
Que quiero mencionarte,
Tú eres comprensivo,
Das lo que no tienes,
Aconsejas a los niños,
Ayudas los ancianos,
Haces por otros,
Hasta lo que no puedes,
Te importan los de más,
Sin llamarte allí estas,
Sin pedirte das,
Haces a los niños felices,
Y a todos los demás,
Estos son solo unas cuantas virtudes,
Si te las nombrara todas nunca acabaría,
Por eso hoy aquí yo te aplaudo,
Por tus lindas virtudes.

COMO HERMANOS

No te pongas colorada,
Ni te llenes de vergüenza,
Porque todos aquí,
No sabemos nada,
Experiencia no tenemos,
Pero a aprender vinimos,
Quita esa incrédula mirada,
Que más que aprender todo lo captamos,
A pesar que por aquí todos pasamos,
Pues así siempre será,
Que así todos juntos como hermanos,
Felizmente nos damos la mano.

CONOSCAMONOS

Vámonos despacio,
Construyamos día a día esta relación,
Empecemos a amarnos,
Empecemos a compartir,
Yo te doy un beso y tú me das otro a mí,
Yo te brindo un abrazo tú me brindas otro a mí,
Tú me dices que no y, yo te voy a convencer,
Todo espero de ti, y tú todo esperas de mí,
Pues parece increíble pero esta relación,
Ya la acabamos de construir.

ERES TÚ

Que hay en esa mirada de mujer,
Que yo veo madures y sensatez,
Veo la inocencia de una niña,
En un cuerpo de mujer,
Tienes la madures conocida,
Que todas quisieran tener,
Se llama, mirada de mujer,
Eres la envidia de los hombres alrededor,
Eres la inocencia reflejada,
Eres la tranquilidad calmada,
Eres la virtud callada,
Eres un paréntesis en mi vida encontrada,
Eres una mayúscula en mi mente abierta,
Eres un signo de más agregado a mi existencia,
Eres una fracción de menos para alejar mi pasado,
Eres la gramática entera para inventarte versos,
Eres toda la matemática para multiplicar el tiempo,
Eres como un libro abierto, para leer un cuento,
Eres como la princesa que la bruja le quito su encanto,
Eres una bella mirada de mujer,
Que me encanta al derecho y al revés.
Eso eres tú con tu mirada de mujer.

UNICA Y BRAVA

Hoy estas brava como el mar imparable,
Como el viento desastroso,
Como una fuerte tormenta,
Estas dispuesta a arrasar con todo,
Como un edificio en fuego,
Eres como una lluvia de granizo,
Que cuando pega duele,
Eres como un accidente,
Que deja una grande cicatriz,
Eres como un dolor de cabeza,
Que con nada se puede quitar,
Eres como un relámpago,
Que a todos viene a asustar,
Eres la más bella de todas las mujeres,
Y todo lo que oíste de puro coraje te lo dije,
Porque tú eres la mujer perfecta,
Olvida lo que te he dicho,
Y me olvido lo brava que has sido.

FRENTE AL MAR

Sentado frente al mar,
Triste me puse a cantar,
Suavemente cantaba,
Nuestra canción, esa canción,
Que siempre te recordaba,
El color de una bella flor,
Esa canción que cuando la escuchabas,
Llorar te hacía, pero de emoción,
Esa canción que solamente te traía,
Una gran ilusión,
Esa canción que por ella no conocimos,
Porque nos llegó al corazón,
Por la cual nos enamoramos,
Y la cual estoy cantando,
Sentado frente al mar,
Para así poder recordar.

DILES

No hagas caso de la gente,
Si te dicen que soy feo,
Diles que es para que no me roben,
Que soy prieto es para que el sol no me queme,
Que soy chaparro es para que me jales los pelos,
Que soy gordo es para cobijarte del frio,
Que soy cojo es para que no ande de callejero,
Que soy visco es para mirarte más cerca,
Que soy jetón es para comerte a besos,
Que soy pelón es para ahorrar en el peluquero,
Que soy pobre es porque yo soy tu tesoro,
Que soy tonto es porque estoy enamorado,
Que soy ciego es para no ver la maldad de la mala gente,
Que el tiempo pierde,
Y viven solo para de los de más estar hablando,
Tú diles que hablando,
O no tú me seguirás amando,
Y que el mundo siga rodando…

COMPARTIR

Tu recompensa tienes,
Pues tú te la ganaste,
Vete ahora a repartir
Pues te voy a insistir,
Que sigas tus recompensas ganando,
Para que te la pases repartiendo

PERFECCION

Han pasado cincuenta años,
Y no encontré la mujer perfecta,
Será Porque nunca,
Deje la puerta abierta,
O tal vez me ha faltado,
Ser De mente abierta,
Pero aun no es tarde,
Todavía le abro a la que Se decida venir,
A tocar mi puerta,
Sentado estaré esperando,
Pues no tengo prisa,
Y sé que pronto se oirá la noticia,
Que lo que He encontrado,
Es la mujer perfecta.

HABLAME

Cuanto me quisiste,
Es imposible saber si me quisiste,
Pues me quitaste el habla,
Por lo que ni siquiera es cierto,
Por ahí te han dicho,
Que de ti ando hablando,
Que de ti me rio,
Que está pasando.
Si yo a ti te amo,
Te amo con todas mis fuerzas,
Te extraño ahora,
Que te alejas, pues me tienes,
Con esta duda que es la que ahora,
Nos separa, olvida lo que te han dicho,
Porque solo quieren verte la cara,
Siempre, los escucharas,
Si tu amor por mí no es tanto,
Y de una vez te digo,
Que por si acaso nada me quisiste,
Pues vamos de una vez ablando,
Y así decidas, si es que conmigo
Ya estas terminando.

LAS ALAS ROTAS

Eres un gorrión con las alas rotas,
Que a mi ventana un día,
Llego te tome en mis manos,
y tu dolor calme,
Pues era tanto tú dolor,
Que más nada podía yo hacer,
Y con vos baja le pregunte preocupada,
De dónde vienes,
Quien este daño te pudo hacer.
Y como era obvio de dolor,
Seguía quejándose ese gorrión.
No sabía cómo consolarlo,
y solamente le dije,
Te curare día a día hasta sanar,
Pues supongo que quieres volver a volar,
Volar por esos campos,
Esos campos que amas tanto,
Volar por esos mares,
Donde han de estar tus amores,
Volar por esos montes,
Donde debe estar lo que más quieres,
Anda gorrioncillo se fuerte y aguanta,
Que estaré contigo hasta el final,
Hasta que tus alas rotas hayan cicatrizado,
Pues desde hoy tuya será toda mi devoción,
Pues Por algo a mi viniste,
Aquí conmigo sanaras,
Lo demás es tu decisión
¿Te iras, o te quedaras?

Michelle Rivera

CALLATELO

Nunca digas si, nunca digas no,
Nunca lo aceptes, nunca lo niegues,
Nunca con las manos la toques,
Tócala con la mirada,
Nunca le digas lo que sientes,
Dile todo con tu pensamiento,
Y amala mucho, mucho pero amala en silencio,
Y todo guárdatelo pero guárdatelo muy adentro,
Aunque no por eso pensando en abandonarla estas,
No lo agás, mejor dale las gracias,
Porque gracias a ella,
Conociste del amor,
Los sentimientos.

BAILANDO

Pasamos toda la noche bailando,
La música era suave,
Y con ella te relajabas,
Pues al estar entre tus brazos,
Me sentía en el aire volando,
Sentía el roce de tu piel,
Que me hacía estremecer,
Sentía cerca tu respirar,
Y así canción, tras canción,
Seguimos bailando,
Tus manos me apretaban,
Cada vez que me abrazaban,
Era todo tan hermoso,
Como un cuento de hadas,
Como un sueño,
Un sueño del cual no quieres despertar,
Pero que al amanecer te guste o no,

Hay que regresar a la realidad,
Mientras tanto seguimos con el cuento,
Al tiempo de bailar,
Como sus ojos me miraban,
Como mi cara acariciaba,
Y de vez en cuando,
También se me insinuaba,
Y su boca me provocaba,
Pues quería comerse,
Las mieles de esta bella flor,
Cada vez su aliento,
A mí más se acercaba,
Pues se sentía como,
El corazón le palpitaba,
Cada vez que respiraba,
Esperaba de mí la reacción,
Pues yo no decía nada,
Solo me aguantaba,
Aunque yo ya estaba,
Muriéndome de amor por ti.

ERES TÚ

Ando buscando un amor,
Que me ame con fervor,
Que me dé su corazón,
Que me ame como soy,
Que no me pregunte,
Que no quiera saber de mí,
Que no me señale mis defectos,
Ni me cuente mis errores,
Que no pida cuentas,
Ni me exija demasiado,
Que de la mano caminemos,
Como dos enamorados,
Que por las tardes al parque,
Salgamos a platicar que de vez en cuando,
Una canción me quieras dedicar,
Que al cine vallamos el fin de semana,
Que me despiertes con un beso cada mañana,
Que hagamos el amor,
Por las madrugadas,
Que en mi cumpleaños me regale peluches,

Que en nuestros aniversarios me regale flores,
Que por nombre me llame mi amor,
Que los días calorosos a la playa me lleven,
Que si hace frio con su cuerpo me cobije,
Que si algún día yo me enfermo,
Me trate como una beba y me cuide,
Como el más grande de lo tesoros,
Y si yo primero muero,
Que conserve vivo mi recuerdo,
Y remplazarme no quiera,
Que mantenga su promesa,
Que cuando termine con su misión,
Aquí me siga que yo estaré esperando,
Para seguirnos, amarnos,
Pero ya en la eternidad,
Mientras tanto dejare de buscar,
Porque ya lo encontré,
Ese grande, grande amor,
Que eres tú.

TE DEJO LIBRE

Mientras yo en ti pensaba,
Tú de otra te acordabas mientras,
Yo a ti te miraba me evitabas la mirada,
Mientras yo a ti, te besaba,
Tú en otros besos pensabas,
Mientras hacíamos el amor,
Tú con otra me comparabas,
Mientras yo a ti te amaba,
Tú a otra no olvidabas,
Mientras yo contigo estar quería,
Tú a otra buscabas,
Mientras yo por ti la vida daba,
Tú por otra morías,
Hoy por ti estoy sufriendo,
Y tú por otra llorando,
Y ahora he pensado de tu camino,
Quitarme y espero nunca.
Mas en tu vida cruzarme,
Y espero que mi decisión pueda ayudarte,
Pues felicidad te deseo,
A cambio de mi tristeza.

Michelle Rivera

EL ANILLO

Toma este anillo, para sellar nuestro amor
Póntelo y cuídalo con devoción,
Yo mismo te lo he escogido,
Y te lo he escogido con el corazón
Y así cada de que lo veas,
Me recuerdas más, más y más,
No te lo quites nunca,
Porque me dolería mi corazón,
Llévalo siempre contigo,
Como un amuleto de amor,
Que si un día por juegos del destino,
Tendríamos que terminar,
Aunque sin ti, no sé qué haría,
Quédate con el anillo,
Que suerte te traerá,
Y a otro amor las puertas te abrirán,
Es por eso que amuleto de amor le llamaras,
Porque en cada diamante un hechizo llevara,
Para que cada uno de todo te protegerá.

TREINTA Y VEINTE

Que tú tienes veinte y yo treinta,
Todos hablan por tener diez más que tú,
No me importa lo que digan feliz soy,
Al, igual que tú, envidia es lo que tienen,
Porque saben cuánto nos amamos,
Y a ellos los ignoramos,
Porque lo que ellos quieren,
Es un día separarnos,
Pero gusto no les damos,
Pues entre más nos critiquen,
Más nos amamos,
Y todo lo que digan,
A la basura lo tiramos,
Pues toda la vida estarán envidiándonos,
Pues diez años no es nada,
Pues los dos nos amamos,

No nos importan los años que tenemos,
Aunque yo tuviera cien y tu cincuenta,
Igual te seguiría amando,
Pues yo tu edad no quiero,
A ti es quien amo,
Porque mucho tú vales,
Porque mucho yo valgo,
Porque tu corazón de oro es,
Y el mío es un tesoro,
Porque contigo encontré,
Lo que andaba buscando,
La persona perfecta,
Para seguirla amando,
Y que sigan hablando,
Pues el aire se lleva,
La basura que están regando,
Y nosotros más y más,
Nos seguiremos amando,
Y que los demás,
Se sigan enfadando.

CELINE

Como me gusta mirarte y contemplarte y también abrazarte,
Entre mis brazos me gusta arrullarte hasta dormirte,
Limpio tus lágrimas cada vez, que de tristeza lloras,
Importante eres para mí, día tras día noche tras noche,
Nunca mi amor por ti se acabara, porque no tiene final,
Eres mi pequeño corazoncito que me has dado felicidad.

MUJERES COMO TÚ

A dios le pido que mujeres como tú,
Me quite de mi camino,
Pues no quiero que otra vez,
Se repita mi destino,
Es tanto lo que tiene,
Pero voy a describirlo,
Aunque no quisiera recordarlo,
Una mala mujer se atravesó en mi camino,
Y con sus malas entrañas jugo conmigo,
Decía que me amaba,
Pues con su hipocresía,
A mis espaldas se burlaba,
Cada día yo más la amaba,
Y Cada capricho yo le daba,
Pues yo la adoraba,
Era tanto lo que ella me fingía,
Que a la cara me sonreía,
Y yo todo creía no me,
Importa lo que le di,
Lo que me duele es que mi vida destrozó,
Y siglos tardara en volverlo a construir,
Pero eso solo si dios,
Me quita de mi camino a mujeres como tú.

LADRON

Ladrón es tu nombre,
Pues me has dejado sin nada,
Te has robado mis besos,
Cuando tranquilamente yo dormía,
Te has robado mi pensamiento,
Cuando en nada pensaba,
Me has hecho el amor,
Cuantas veces has querido,
Pero con el pensamiento,
Pero lo que más siento,
Es que es que me has robado,
El corazón entero sin darme cuenta,
Pues creo que es hora de arreglar cuentas,
Pues todo lo que me has robado me hace falta,
Recuérdalo ladronzuelo,
Que por la ventana saltas al escaparte.

QUE MÁS PUEDO DECIR

Tienes ojos de alicante,
Pero haces que todo me encante,
Tienes patas de elefante,
Pero eso hace que estés en mi mente,
Tienes manos de cangrejo,
Pero estando a tu lado me relajo,
Tienes boca de zapo,
Y si tú no me quieres me da un infarto,
Tienes mente de pajarito,
Es por eso que te llamo mi amorcito,
Me gusta todo lo que eres,
Por eso eres el único de mis quereres,
Si tú supieras todo lo que yo soy,
Te asustarías y nunca a mi lado vendrías,
Pues correrías y correrías,
Anda y dímelo somos tal para cual,

Pues no hay a cual ir y aunque no lo creas,
Yo sin ti no puedo vivir,
Y tú sin mí no quieres existir,
Pues como te conozco tanto,
Ya deberíamos de compartir,
Y juntos la vida vivir,
Pues como no tenemos secretos,
A que te atrevas te reto,
Espero que no tengas,
Ningún pretexto para poder decidir,
Pues por ti yo estoy dispuesto,
A lo que quieras de mí,
No más no me pidas ser poeta,
Porque nada me acierta
Pero si quieres a mí venir,
Para ti están abiertas,
Las puertas de mi corazón.

NO DEBERIA

No debería importarme cómo eres,
No debería importarme lo que hagas,
No debería importarme lo que piensas,
No debería importarme lo que tienes,
No debería importarme nada de ti,
No debería importarme si no estás aquí,
No debería importarme si estas lejos,
No debería importarme si no vuelves,
Pero fíjate no me importas ya lo ves.

POBRES

Soy un pobre poeta,
Que pobres versos escribe,
Para aquellos pobres,
De corazón herido,
Aquellos que pobres de amor están,
Para aquellos pobres de ilusiones,
Aquellos pobres de amistad.
Están aquellos que un pobre diablo les fallo,
Para aquellos que,
Su pobre inocencia les robó,
Para aquel pobre enamorado,
Para aquel que en las redes del amor cayo,
Para aquel que nuestro pobre amor le damos,
Para aquellos pobres,
Que nada les dan,
Y son pobres como yo,
Y mis pobres versos.

Michelle Rivera

NO CORRAS

No corras demasiado,
Pues el tiempo te alcanzara,
Por si acaso no sabías,
Al tiempo nadie le puede ganar,
Competir con el tiempo,
Es seguro que perderás,
Porque ni aunque trampa le hagas,
Le podrás ganar mejor camina despacio,
Que a donde vallas llegaras,
Pues todos los caminos de la vida,
Hacia adelante te guiara,
Sabemos que cada camino un fin tendrá,
Pues el final de cada uno,
El camino se lo señalara.

CREO EN TI

Nunca vi su rostro,
Pero si su pensamiento,
Nunca vi su cuerpo,
Pero si lo que lleva dentro,
Nunca vi su sexo,
Pero si sus sentimientos
Eres invisible como el viento,
Pero real como cualquier cuerpo,
Eso sí es muy cierto.

LOS DESEOS

Está lloviendo estrellas,
Un deseo le pido a cada una de ellas,
A la primera le pido un amor,
A la segunda le pido conocerte a ti,
A la tercera le pido que vengas a mí,
A la cuarta, le pido que te fijes en mí,
Y a la quinta estrella que te enamores de mí,
Y a la sexta estrella que me abrases ya
Y a la séptima estrella que mil besos me des,
Y a la octava estrella que me ames más,
Y a la novena estrella entregarte a mí,
Y a la décima y última estrella,
Por ser la más bella,
Le he pedido lo más importante para mí,
Que al conocerte me enamore yo de ti.

BELLA FLOR

He cortado muchas flores,
Pero tú eres el mejor de mis amores,
Tú tienes el perfume de una real flor,
Y despides las aromas de su fragante olor,
Cual me desmalla de puro amor,
Pues aunque no lo creas
Me muero por esa flor,
Pues espero me corresponda,
Tan rápido como cuando un gallo canta,
Parado en un balcón,
Todo esto que te digo,
Me sale del corazón,
Pues aun en espera estoy,
Porque tu respuesta quiero te salga,
De muy adentro del corazón.

LO OPUESTO

Cuando me hablas oigo música en mis oídos,
Cuando no me hablas creo que estoy sorda,
Cuando me tocas me siento guitarra,
Cuando no me tocas me siento guitarra sin cuerdas,
Cuando me besas me siento una dulce fruta,
Cuando no me besas me siento que soy muy bruta,
Cuando mi cuerpo abrasas, siento que me quemo en las brasas,
Cuando no me abrasas, me siento abandonada,
Cuando dices te amo, qué lindo suena en tus labios.

CONSEJO

Oye amigo un consejo yo te pido,
Pues me han dado en él corazón,
Quisiera que me dijeras,
Que hago con la condenada,
Pues es muy grande la puñalada,
Que mucho me dolió,
Que hago amigo mío,
Me arranco las venas,
O hago venganza a la buena,
Suena raro pero aun la amo,
Aunque en mil pedacitos,
Me ha dejado mí corazoncito,
Oh amigo el señor la castigara,
Pues al tirar para arriba una piedra
Siempre en la cabeza te caerá.

INSPIRACION

Hermosura de mujer,
Que es lo que tienes que con solo,
Verte me inspiras,
Cada parte de tu cuerpo,
Un verso me acaba de inspirar,
Y ahora voy a decirte,
Que preciosos ojos,
Lástima que son tan dadivosos,
Que labios tan hermosos,
Para comérmelos a puros besos,
Que cuerpo tan lindo,
Para pasearlo por todo el puerto,
Que sonrisa tan coqueta tienes,
Me gustaría contigo,
Por las mañanas caminar bajo la brisa,
Eres la de la sonrisa única,
Una hermosura de la cabeza a los pies.

NADA ERES

Tengo las palabras perfectas para describirte, aunque no las ocupo,
Todas pues tantas aquí, no puedo decirte, eres lo peor de lo peor,
La gente te rehúye pues no quiere verte, tus amigo los perdiste,
Y yo que quisiera maldecirte pero no lo hago,
Pues es muy grande la palabra, para siquiera tomarte en cuenta,
Eres como el dinero devaluado que no vale nada,
Eres cero a la izquierda eres, un Insignificante,
Eres nada, nada que ni siquiera vale la pena de ti hablar,
Es mejor de nada hablar cuando se trata de ti hablar.

MI REGALO

Señor dame lo que te pido,
Pues no he podido amar,
Y como si fuera un castigo,
Tampoco nadie se fija en mí
Señor mándame por él camino del amor,
Mándame un bombonazo,
Y te prometo que,
Que jamás lo rechazo,
Pues me arias la persona,
Más feliz de mundo,
Y me sentiría tú consentido,
Pues me has dado lo que te he pedido,
Gracias señor, que aunque aún no lo tengo,
Ya me doy por servido.

LO MISMO ME DA

Si tanto me odias,
Porque me llamas,
Si no me quieres ver,
Para que me buscas,
Si no me soportas,
Porque ablando de mi te la pasas,
Que conmigo nada quieres,
Y siempre tratas de verme,
Que conmigo ni muerta,
Pues a ti quien te entiende,
Pues a mí lo mismo me da,
Que si vienes que si vas,
Que a quien quieres,
Que porque tienes que porque das,
Eres como una carta sin firma,
Que no se sabe ni de quien será,
Eres como un libro en blanco,
Que no se sabe lo que dirá,
Eres como una fuente sin agua,
Porque ya se esfumo,
Lo mismo pasa contigo,
Nunca te decides,
O te quedas, o te vas,
Pues ya me tienes cansado,
De tanto que te gusta conmigo jugar,
O vete, O quédate pero ya déjame en paz.

ME CONFORMARE

Hoy estoy muy triste,
Mi corazón esta apachurrado,
Pues no sé quiere conformar,
Yo le digo que se aguante,
Pero él no me quiere escuchar,
Le he dicho mil veces,
Que a ti debemos renunciar,
Pues tu decisión es comprendida,
Que al convento quieres ingresar,
Es difícil conformarse,
Pues ya no hayo ni que hacer,
Soy igual que mi corazón,
Sordo terco y siego, no oye, no ve,
Y tiene una terquedad,
Por eso yo le digo,
Que tenga tranquilidad,
Pues el tiempo como amigo,
Pronto nos consolara,
Pues como dice el dicho el,
El tiempo lo dirá,
Pues así lo esperaremos,
Aunque sabemos que imposible será,
Porque aunque conmigo ya no estarás,
Mi vida eternamente te pertenecerá,

GRANDES PALABRAS

Estoy tratando de hablarte y decirte,
Cuán grande mi amor por ti es,
Quiero decirte eso y mucho más,
Que con esas cuatro grandes letras,
Llamadas, A M O R,
Te voy a contar las maravillosas cosas,
Que por ti mí corazón siente,
Que el tiempo que pasamos juntos,
Me hace amarte más y,
Más por eso quiero decirte que me aterra,
Que pueda perderte algún día,
Yo a mi lado te necesito y quiero decírtelo,
Ya que lo mejor que me ha pasado,
Es haberme enamorado de ti,
Y ni por un momento pienses,
Que voy a dejarte ir,
Tú de mí no vas a escaparte.

DISFRUTARTE

Hoy ciento hambre de ti,
Por eso he venido hasta ti,
Quiero disfrutarte aquí,
Ven tómame a mí,
Y llévame junto a ti,
Pues todo ese tiempo,
Lejos de ti ha sido un infierno,
Que sufrí pues no es fácil estar sin ti,
Por eso hoy he venido,
Por ti quiero que seas mía,
Y yo quiero ser de ti quiero,
Quitarme esa hambre que tengo de ti,
Quiero comerme esa boca a besos,
Disfrutar de su miel,
Quiero llenarme de ti,
Quiero tocar toda tu piel,
Absorber el aroma de tu cuerpo,
Quiero hacerte el amor una vez,
Otra vez y otra vez,
Hasta más no poder,
Quiero que los dos sintamos placer,
Hasta el amanecer,
Y decirte lo mucho que te amo,
Y lo mucho que para ti yo soy,
Pues tú llenas mi vida,
Igual que el sol,
Cuando sale al amanecer,
Llenando a la tierra con su calor.

TE LO AGRADESCO

Si puedo olvidarte,
Si puedo de mi corazón sacarte,
Si puedo de mi alma arrancarte,
Si puedo hasta llegar a odiarte,
Si puedo, si puedo,
Y todo esto voy a demostrarte,
Que tú no vas a destrozarme,
Pues la vida me ha dado,
Este regalo que toda la vida,
Voy a agradecerle,
Que a ti de mi vida,
Quiso alejarte.

AMIGO AMOR

Me encanta ser tu amiga,
Me gusta estar contigo,
Cuando necesitas de mí,
Poder mirar en ti la felicidad de una sonrisa,
Gracias por estar allí por mí
Cuando necesito de ti,
Gracias por ser, como eres tú,
Pero lo que más me gusta
Es el amor que siento por ti,
No hay más que hablar,
No hay más que decir,
Solo dejemos nuestro amor crecer,
Y como amigos,
Confianza tendremos entre tú y yo,
Para yo en ti, y tú en mí creer.

AYER Y HOY

Cuando yo era una niña,
Siempre soñaba,
Con un día encontraría,
La pareja perfecta,
Con un amor fuerte,
Una vida, excitante,
Con mucho amor y mucha paz,
Conocer gentes mejores,
Personas felices con grandes sonrisas,
Que tengan mis mismos sueños,
Que nunca se cansen de conquistarme,
Que su amor sea más grande que el mundo,
Que por mí se pierda en el desierto,
Que haga siempre lo correcto,
Y que siempre, me recuerde,
Lo que por mi lleva dentro.

YO SOY

Soy una experta al decirte que te quiero,
Soy experta hasta en las lágrimas que lloro,
Soy experta en hacerte que me entiendas.
Soy experta en decirte que me quieras,
Soy experta en todo lo que pueda,
Soy una experta en saber cómo amarte,
Soy una experta en hacerte que me creas
Soy una experta en pedirte lo que yo quiera,
Soy una experta en hacerte que por mi llores,
Soy una experta en ser una experta.

PONTE EN MIS ZAPATOS

Quisiera que por un momento,
Y fuera tú y tú fueras yo,
Para que supieras cuanto te amo yo,
Y por ti sufro en silencio,
Por favor nunca dudes de mi amor por ti,
Porque es real y palpable,
Desde el primer día,
Y siempre sabrás cuanto yo te amo,
Y esperemos lo mejor de cada uno,
Para así como pareja realizarnos,
O al menos llegar a comprendernos.

ASI ERES

Te amo por hacer mi vida, maravillosa,
Por cada día que a tu lado pasó.
No importa como sea,
Si siempre al final,
Tienes una maravillosa sonrisa,
Te amo por todos esos momentos,
Compartido en los cuales,
Me ases reír, me dejas hablar me dejas soñar,
Tomando en cuenta,
Lo grande que es mi amor por ti,
Pues siempre tú perfume me inspira,
Y me acerca cada día más a ti.

DIOS DIRA

Quiero hacerte una promesa,
Quiero tener contigo la certeza promesa,
Que a tu lado siempre estaré,
Certeza de que tú me amas igual,
Quiero repetir cada momento,
Que nos ha traído felicidad,
Pues somos como un sueño hecho realidad,
Pues cada vez que a lo ojos me ves,
Siento una grande tranquilidad,
Pues en ellos me revelas,
Que me amas de verdad,
Y que hay cosas que nunca se olvidaran,
Y no pensemos en mañana,
Pues igual llegará,
Preocupémonos por el hoy,
Que lo que sigue dios dirá.

TE AMO, TEAMO, TE AMO

Te amo, porque eres maravilloso,
Te amo, porque haces mis días hermosos,
Te amo, porque conmigo todo compartes,
Te amo, porque me dejas expresarme,
Te amo, por todo lo que me has brindado,
Te amo, por lo sencillo que tú eres
Te amo, porque no ay otro como tú,
Te amo, como el cielo ama las estrellas.
Te amo, por ser quien eres,
Porque eres tú,
Te amo, te amo, te amo.

SE HAN IDO LOS AÑOS

Han pasado los años,
Y sin querer hemos cambiado,
Se fue aquel arcoíris,
Que en cada lluvia venia,
Y felices nos hacía,
Se fueron los momentos,
En que con cualquier pretexto,
Y sin motivo me consolabas,
Cuando el viento soplaba fuerte,
Miedo me daba,
Y a tu cuello me abrazaba,
Cuando de alegría los dos lloramos,
Como han pasado los años,
Esos felices Años.

RADIANTE

Hoy he me he fijado,
En lo radiante de tu sonrisa,
Al igual la he disfrutado,
Se me ha quedado grabada,
En mi tu mirada,
Al igual que tus besos,
Que se han quedado tatuados,
Encima de mis labios,
Cuanto he aprendido de ti,
Que no se ni que más decir,
Porque con los ojos cerrados,
Te digo a todo que sí,
Como poder decir no,
A quien contagia la felicidad,
La cual sabemos disfrutar.

TEMEROSO

No temas amar,
No te lastimara no te dolerá,
Solo sentirás es un bello sentimiento,
Que a este mundo llego,
No temas aunque siempre existe un riesgo,
De que te puedan lastimar,
Pero no temas no a todos nos pasara,
Todo depende de lo que te tocara,
No temas que tu tiempo está por llegar,
Y cuando llegue esperándolo estarás,
Porque ese miedo se te ha de quitar,
No temas amar.

TODAS LAS COSAS

Cualquier cosa que diga,
Es porque quiero decir cuánto te amo,
Cualquier cosa que piense,
Es porque pensando en ti ando
Cualquier gesto que haga,
Es que lo hago para ti, así que no te hagas el distraído,
Cualquier cosa que veas,
Es porque a ti quiero impresionarte,
Cualquier cosa que en tu cumpleaños yo te dé,
Es porque así lo quiero yo,
Cualquier cosa que no te diga,
O que no haga es para tú y yo, no discutir,
Cualquier cosa desee esa cosa, hermosa, eres tú.

TU

Solo tú sabes hacerme feliz,
Solo tú sabes lo que me gusta,
Solo tú sabes, lo que debes darme,
Solo tú me conoces bien,
Solo tú tienes la llave de mi corazón,
Solo tú sabes amarme,
Solo tú tienes lo que a mí me gusta,
Solo tú vienes a mí aunque no te llame,
Solo tú sabes satisfacerme,
Solo tú sabes tocarme, hasta sin avisarme,
Solo tú sabes cómo admirarme,
Solo tú me da todo lo tuyo,
Solo tú velas mi sueño,
Solo tú aceptas mis regaños,
Solo tú me amas,
Como yo te amo.

PENSANDO ASI

Cuando pienso en ti,
Me empiezo a desesperar,
Cuando pienso en ti,
Siento dentro de mí,
Lo grande que es mi amor por ti,
Cuando pienso en ti,
Quisiera tenerte aquí,
Cuando pienso en ti,
Se vienen todas las memorias a mí,
Cuando pienso en ti,
Se lo especial que tú eres para mí,
Cuando pienso en ti,
Mi corazón late más fuerte por ti,
Cuando pienso en ti,
Quiero saber más de ti,
Cuando pienso en ti,
Mi corazón sufre por ti,
Cuando pienso en ti,
No sé ni que hacer,
Porque sigo pensando,
Aún más en ti.

VACIA

Algunas veces me siento triste,
Y tú me comprendes pues me llega la tristeza,
Solo de pensar que con quien estarás,
O de que si tu estancia será a mi lado eterno,
Será porque la distancia entre los dos es grande,
A veces quisiera que a mi lado estuvieras,
Para que, cuando triste estuviera, tú me consolaras,
Cada de que tú te vas te llevas mi vida y me dejas vacía,
Te llevas todo de mí, solo me queda tristeza,
Tristeza por ti, pues contigo te llevas todo, todo de mí.

LOS AMOOOOO

Tengo tres amores en mi vida a los que adoro,
Y les dedico este libro, la primera es mi madre,
Porque fue quien me regalo la vida,
El segundo es mi esposo que lo amo desde que lo conocí,
Y la que sigue es mí pequeña,
Quien es mi vida es mi tesoro es mi todo,
La que se adueñó de mi corazón,
Cuanto amo a mis amores, los amo por igual,
Te quiero muuuuchoooo mi pequeña princesa,
Y a todos por igual, amo a mis amores…..

BUSCANDO

He buscado mil maneras para amarte,
He buscado el número gigante,
Para poder compararte,
He buscado la manera inadecuada,
Para hablarte he buscado como sincerarme,
He buscado el modo de tratarte,
He buscado que inventar para traerte,
He buscado como mi corazón,
Puede contigo comunicarse,
He buscado mil caminos para guiarte,
He buscado como mí vida darte,
He buscado la forma de seguir buscando,
Lo que he buscado.

TE EXTRAÑO

Hoy te extraño más que nunca,
Más que ayer y más que mañana,
Eran tan lindos aquellos momentos,
Inolvidables aquellos días,
Que juntos paseábamos por el parque,
Por la playa por donde,
Se nos daba la gana,
Recuerdo el primer disgusto,
Que era muy injusto,
Luego te arrepentiste,
Y perdón me pediste,
Era más grande lo nuestro,
Que no se podía dudar,
Es por eso que tanto te extraño,
Y tanto te voy a extrañar.

TU RESPUESTA

Cuantas veces me has besado,
Cuantas veces me has abrazado,
Cuantas veces en mí has pensado,
Cuantas veces me has soñado,
Cuantas veces de mí te has alejado,
Cuantas veces por mi as llorado,
Cuantas veces me has explorado,
Cuantas veces me has inventado,
Cuantas veces, as cambiado,
Cuantas veces me has comprendido,
Cuantas veces más estarás allí por mí,
Cuantas veces más,
Te estaré preguntando.

LO VERDADERO

Un verdadero amor es aquel que no te rompe tu corazón,
Un verdadero amor es aquel que jamás te hace daño,
Un verdadero amor es aquel que contigo esta, en las buenas y las malas,
Un verdadero amor es quien no te da la espalda,
Un verdadero amor es aquel que te ama tanto,
Que hasta dispuesto está el mundo por ti cambiar,
Un verdadero amor no tiene barreras,
Un verdadero amor se despierta contigo por las mañanas,
Un verdadero amor es aquel que a tu amor corresponde,
Un verdadero amor es aquel que es eso un verdadero AMOR.

TODO

Eres culpable que yo te amé,
Eres culpable de todo lo que te quiero,
Eres culpable de mis sentimientos,
Eres culpable de Lo que sentir me haces,
Eres culpable de mi agonía,
Eres culpable de lo que me dice el viento,
Eres culpable de que a veces mucho te reprocho,
Eres culpable de los versos que me recitas,
Eres culpable de los grandes poemas que al dormir me dices,
Eres culpable de cada momento, que nuestro amor nos damos,
Eres culpable de todo lo que sentimos al enamorarnos.

HECHOS

Cuando el amor llegue a tu casa,
Enciérralo con llave, porque si se escapa no regresará,
Si te dicen que estas vieja mándalos mucho a verse al espejo,
Si alguien te cae mal sonríele más que a los demás,
Si alguna vez te caes levántate y sigue para adelante,
Si te va mal con tu destino, no la agarres con tu vecino,
Si alguien habla mal de ti es porque no te conoce,
Si tu amiga te falla es porque quiere llamar la atención,
Antes de cometer un error en tu vida cuenta cincuenta veces,
Si alguien te llama chaparro es porque no sabe,
El valor de un diamante,
Si alguien te critica, dale las gracias por su envidia,
Cuando te equivoques bórralo y vuelve a empezar,
Si conoces a alguien terco ayúdalo con su defecto,
Si nadie viene a tu fiesta menos trabajo para ti,
Si tu esposo se la pasa enojado ya dile todo lo que gastaste,
Siéntate a esperar tu príncipe azul,
Si el trabajo no viene a ti, anda y ve tú a buscar trabajo,
Si te va mal en la vida búrlate de ella y prométele que,
En tu segunda vida vendrás a de ella vengarte

VERDADES

Deje de ser poeta porque termine,
Con todos esos hermosos versos,
Será que por eso me queme los sesos,
El que esté libre de pasado,
Que tire la primera piedra,
El pasado solo sirve para estorbar,
El presente para disfrutar y el futuro para soñar,
Cuando tengas tú pasado enfrente,
Dale una patada y échalo para atrás,
La suerte no se busca se nace con ella,
Nadie nace feo, depende de quién te vea

LO QUE TE TRAIGO

Te traigo estos claveles,
Pues te los mereces, por lo linda que tú eres,
Te traigo este anillo, pues cada vez que me miras,
En tus ojos veo todo el brillo del universo,
Te traigo estos aretes,
Porque me encanta todo lo que por mi tu sientes,
Te traigo estos zapatos, porque te gusta como yo te trato,
Cada vez que nos vemos,
Te traigo este vestido, porque quiero que sepas,
Que yo no estoy resentido,
Te traigo para tu pelo este cepillo para que sepas
Que me muero por estar contigo,
Te traigo esta bufanda, pues tú te lo mereces,
Pues mi corazón loquito por ti anda,
Te traigo estas pieles, porque tú te lo mereces,
Amor de mis amores,
Te traigo todas estas rosas porque me encanta
Cuando conmigo haces todas esas cosas,
Te traigo una sola flor, para decirte TE AMO MI AMOR.

ES LINDO

Qué lindo panorama la puesta del sol,
Es como un sueño a punto de despertar,
Es como una noche de novios,
Que están a punto de su amor entregar,
Es tan lindo como un día al amanecer,
Como todas las mañanas al salir el sol,
Es tan lindo y bello como un destello de tu corazón,
Es tan lindo como el brillo de tu mirada,
Es tan hermoso, como aquella mañana,
Al despertar de nuestra primera vez,
Si lindo así, de lindo es.

AMIGO MIO

En mis palabras pongo las bendiciones para ti querido amigo,
Mi corazón se llena de gozo cuando por ti yo pido,
Por ti yo pido la sabiduría entera,
Querido amigo lejos o cercas por ti yo ruego,
No encuentro la palabra adecuada,
Para hacerte sentir mejor,
Ni siquiera un poema hecho canción te ayudaría,
Pero tienes un corazón de chocolate, que el ánimo te levantaría,
Oh amigo eres tan dulce que ni dios te olvida,
Oh amigo recibe lo mejor de tu querida amiga

NO QUIERO

Yo no quiero rica ser,
Yo no quiero tener poder,
Solo quiero abrirte mi corazón,
Para que veas en él, lo que en el nació,
Simpatía no tengo pues no la quiero,
Si hay muchas maneras de poder vivir,
El poder te pierde, el dinero te destruye,
Si me vuelvo rica, por amor lo cambio,
Y el poder gratis te lo doy,
Pues las bendiciones me sobran a mí,
Porque el señor a mi lado esta,
Y yo de su mano voy.

AL DUEÑO DE MÍ

Amado mío sabrás,
Que antes de casarnos éramos dos.
Después nos convertimos en uno solo,
Y con el tiempo nos convertimos en tres,
He sido la mujer más feliz del mundo,
Desde que te tengo a ti,
Pues tienes un corazón de oro,
Que me pertenece a mí,
Eres lo más importante en mi vida,
No te pido nada pues nada tienes,
Solo te tienes tú para mí,
Pues mi amor eterno eres tú,
Tú que tanto me valoras más que yo,
Contigo encontré el cielo y parte del universo,
Porque aún nos queda mucho por vivir,
Amarte es mi defecto, pues te amo sin fin,
Y si un día me fallas prefiero mejor morir,
Pues lo tomare sin palabras que,
Nunca me amaste a mí.

MI RIQUESA ERES TÚ

Por más dinero que tenga,
Pobre sigo siendo,
Pero la pobreza que tenga,
Me la llenas tú, tu que eres mi mayor riqueza,
Pues todo lo que necesito eres tú,
Tu que todo lo tienes,
Tu que todo me das,
Tú que nada te falta tú porque eres tú,
Tu que por dios a mí has llegado,
Tú que en tu riqueza me has convertido tú.

LA VERDAD

Verdad es buscarte a ti,
Verdad es encontrarte a ti misma,
Verdad es no mentirte,
Verdad es creer en ti,
Verdad es luchar por tus verdades no dudar de ti.
Verdad es confiar en tus palabras,
Verdad es lo que en ti llevas,
Verdad es lo que tú haces,
Verdad es quererte a ti mismo,
Verdad la verdad eres tú.

PARA MI HIJA

Sabias tu que eres parte de mí,
Tienes la mitad de mi corazón,
Tienes la mitad de mi sangre,
Tienes la mitad de mi piel,
Somos un solo pensamiento,
Nos preocupan las mismas cosas,
Por lo mismo nos ponemos a llorar,
Si estoy triste te das cuenta,
Si estas triste me duele más a mí,
Sabes que te amo tanto,
Pues daría todo por ti,
Y aunque un día de mi te avergüences,
Aun así muero por ti.

MARIA

Mi adorada madre es muy grande mi amor por ti,
Aquí estoy para tus necesidades disponible aquí,
Recuerdo siempre cuando en tus brazos me arrullabas,
Importante es todo lo que me has enseñado a mí,
A ti madre te bendigo por ser mi madre y la vida darme.

VIEJA

Que no importa la edad,
Cuantas veces te lo digo,
Lo guardas solo para ti,
Se te ven las esperanzas perdidas,
Y como que no las quieres encontrar,
Sigue el camino más radiante,
O de lo contrario te arrepentirás,
No te sientas vieja,
Pues Ambiciones aun tendrás,
Goza de la vida ahora,
No pienses en la edad,
Pues a quien te llame vieja,
Con su veneno morirá

GIGANTE MIO

Ámame pequeño gigante,
Ámame como ninguno,
Cántame canciones al oído,
Ámame con esa fuerza que tú sabes,
Quítame ese frio del alma,
Ámame y sígueme cantando,
Ámame pequeño mío,
Ámame con ese corazón gigante,
Alma limpia y acción de niño,
Ámame que solo con mirarte me derrito,
Ámame pequeño amor mío,
Ámame de noche y de día,
Ámame hasta el final,
Porque el mundo se acabara algún día.

A DOS

Como amar dos a la vez,
A uno le das tu corazón a otro le finges amor,
A uno cariño le das a otro le das tu amor,
A uno le dices donde estas al otro le dices que te vas,
A uno te entregas despacio a otro lo apuras de mas,
A uno le dices te amo al otro nada le dices,
A uno le regalas tu tiempo al otro le dices no puedo.
A uno le dices adiós al otro le dices ya vengo,
Si estas palabras quieres descifrar adivina cual es cual.

VERSOS PARA TI

Me llaman poeta,
Pues me encantan los versos,
Al igual que tus dulces besos,
Pues con ellos asta, me robas el pensamiento,
Poeta es mi nombre, pues nací en septiembre,
Me queman tus labios, me hierve la sangre,
Ven a mí para ti, mi puerta se abre,
Me nombran poeta, pues con mis versos,
Te digo lo mucho que te amo,
Yo no soy un poeta,
Pues mucho me esfuerzo,
Cuando te hago un verso,
Parezco poeta pero no de profesión,
Porque de eso me muero de hambre,
Poeta me siento, poeta soy,
Para decirle versos, solo a mí hombre,
A mí hombre versos le compongo yo.

VENCERAS

No te des por vencido la vida es dura,
Pero no todo lo malo dura,
Mañana sale el sol y todo veras mejor,
Pues siempre hay otros con algo peor,
Pero fuertes como tú, porque fuerte eres,
Solo que no lo puedes ver,
Eres fuerte como todos aquellos,
Que nunca son vencidos,
Lo mismo pasa contigo, eres fuerte como un roble,
Y de corazón noble y por más que tu pienses,
No puedo más, tú siempre podrás.

TU CUMPLEAÑOS

Me encanta tu cumpleaños,
Pues no es un día cualquiera,
Es un día hermoso es un día para ti de puro gozo,
Un día para ser único un día que todos festejamos,
Un día para relajarse un día en que nos relajamos,
Me encanta tu encanto pareces un Ada madrina,
Me encanta tu sonrisa que cubre tu festejo,
Un día grande, un día que celebramos,
Un día en que el amor te demostramos,
Y de regalo amor, amor solo amor te damos.

TE PERDONO

Te perdono, porque no tengo un corazón de piedra,
Te perdono, porque nadie es perfecto mucho menos tú,
Te perdono, porque solo así estaré tranquila,
Te perdono, porque te arrepientes de verdad,
Te perdono, porque vale la pena la segunda oportunidad,
Te perdono, porque así la vida te podrá perdonar,
Te perdono, porque todos te perdonan,
Te perdono, aunque es difícil perdonar,
Te perdono, porque algo me dice,
Que te debo de perdonar.

SIEMPRE NO

Vengo a decirte adiós y que ya te extraño,
Vengo a decirte adiós y que aun te amo,
Vengo a decirte adiós pero te quiero,
Vengo a decirte adiós pero no me atrevo,
Vengo a decirte adiós pero no puedo,
Vengo a decirte adiós pero no quiero,
Vengo a decirte adiós pero no debo,
Vengo a decirte adiós pero ya me arrepentí

VIEJA MADRE

Pobre vieja madre que en el principio esta,
Su pelo casi blanco esta, sus fuerzas no son tantas,
Pues ya cansada esta su mirada es triste,
Y no sabe por dónde empezar,
Su cansada, sonrisa a punto de terminar, comprende,
Esa vieja madre, que te ama tanto que sufriendo esta,
Esa madre que llora tus ofensas, que sufre tus maltratos,
Que tus desprecios la hieren, esa madre de la cual te avergüenzas,
Esa vieja madre que así es como la llamas tú,
Esa madre que por ti mucho ha trabajado,
Que por lo mucho que ha trabajado, es lo que la ha hecho así,
Pero por ser vieja madre es por eso que te ama tanto,
Tanto, tanto como una madre puede amar,
Recuérdalo siempre, cuanto te ama esta madre vieja.

AMANDA

A ti madre, a ti que no solo te recuerdo, sino también te lloro,
Madre mía cuanta falta me haces cada día que pasa,
Ay madrecita me duele mucho tu ausencia,
Nunca será lo mismo pues ya no estas a mi lado,
Demasiada tristeza dejaste en mi corazón, aun no me resigno,
Aunque ya no estés aquí, vives en mi corazón, para siempre.

PERDER EL TIEMPO

He perdido los mejores días de mi vida, al estar contigo,
Debí haberte dejado, alejarme de ti como si fueras mi mala suerte.
Debí seguir adelante, continuar y seguir mi camino,
Tu nada me has ofrecido por el contrario siempre me has pedido,
No eres responsable todo lo que tienes, por mí lo has logrado,
He perdido, mucho a tu lado,
Por ti, hasta mis mejores amigas me han abandonado,
Contigo nada he logrado todo me he gastado,
Y todo me he acabado, pasara el tiempo,
Y no sabré si te habré disculpado.

ODIO

Odio mis buenas acciones,
Odio mis buenas intenciones,
Odio ser buena contigo,
Odio llevarte siempre conmigo,
Odio querer estar siempre contigo,
Odio porque quiero odiarte,
Pero odiarte no puedo,
Odio lo que tú me dices,
Odio hasta cuando me críticas,
Odio es lo que yo aquí guardo,
Porque odio, solo odio,
Todos me han dado.

FRANCISCO

Fue cuando te vi por primera vez que me enamore de ti,
Riesgos hay en el amor así como en toda esta vida,
Aprendí de ti lo más importante, ha mucho, mucho amarte,
No puedo dejar de pensar en ti, por quererte tanto, tanto,
Como me gusta cantarte por las noches para dormirte así,
Inalcanzable como un sueño voy a describirte a ti aquí.
Siempre tengo los mismos sueños donde tú estás,
Como voy a decirte si antes tengo que contarte lo bonito,
Once de la noche son y aun no quieres dormirte,

MICHELLE

Mírame aquí estoy rendida a tus pies y tú no me ves,
Importante e interesante es cada día que pasa amor mío,
Cantando me la paso todos los días, pues así es estar feliz,
Hoy me quedo aquí pues te estoy espiando desde aquí,
Enamorada como una loca te beso siempre en la boca,
La llamada de ayer me dejo pensando, donde estarás tú,
Limpia mis lágrimas cada vez que llorando estoy por ti,
Empezar es volver a vivir de nuevo pero con diferente estilo.

COMO

Separados debemos estar,
Pues como el agua y el aceite,
Aunque trates se vuelven a separar,
Como el cielo y el mar,
Que en la distancia parecen tratar
Como el fuego y el agua,
Como el odio y el amor,
Como dos enemigos,
Como el perro y el gato,
Como el gato y el ratón,
Así somos tú y yo,
Juntos nunca podremos estar,
Y ni un poquito lo puedes dudar,
Esa es la verdad.

MADRECITA

Mientras yo nacía tú llorabas pues mucho tú sufrías,
Aunque muchísimas veces te he fallado así me amas,
Después de mis caprichos aun me das mi recompensa,
Rosas blancas para ti porque son las que te encantan,
Estrellas son tus hermosísimos ojitos de color de rubí,
Como hacer para felicitarte cada hermoso día de tu vida,
Inventar palabras lindas cada día es como decir alegrías,
Tiempo perdido sin estar a tu lado no será nunca perdonado,
Aunque a veces discutamos al final mis defectos olvidas.

ASI TE AMO

Te amo como las flores aman el aire,
Te amo como el perro ama a su amo,
Te amo como al aroma de las flores,
Te amo como un hambriento sin comer,
Te amo como un sediento de agua,
Te amo como la noche ama el día,
Te amo como el cielo a las estrellas,
Te amo como el inventor ama su invento,
Te amo como el poeta ama su verso,
Te amo como se ama el universo,
Te amo como la madre ama a su hijo,
Te amo como nunca te lo he dicho que te amo,
Te amo como nunca te he amado, te amo, te amo

CAMINOS DE LA VIDA
DE AMORES Y DESAMORES

Desde niña he sido una niña callada y solitaria,
cuando alguien a mí se acercó,
No era por amistad era solo por necesidad con quien hablar,
La pobreza fue mi compañera, pues de mí no sé quería alejar,
Mi cabeza era un poco dura pues en la escuela no quería aprender,
Era muy pequeña desde niña lo cual no me gustaba,
Mi adolescencia fue complicada pues nadie me entendía,
Que como cambias de niña a mujer, nadie me explicaba,
Niñez y adolescencia pronto se fueron, de diferentes amores nunca me
hablaron, Nunca me explicaron que hay AMORES Y DESAMORES,
Después de la adolescencia conocí la MALDAD,
Pues la vida empezó a tratarme mal y recuerdo
cada momento en que quise morir,
Mis caminos fueron muy poderosos pues muchos tropiezos tuve,
No supe nunca de donde saque fuerzas porque siempre me levante,
Pero adelante yo seguí, el destino fue muy cruel
conmigo pues siempre mal me jugaba,
La vida mucho me enseño, pues a la mala todo aprendí nunca tuve nada,
Nadie me dio nada, de quien yo esperaba nada recibí,
Tuve una madre hermosa pues todo lo que pudo
me dio, mi camino fue muy largo,
Nunca dude del amor que yo sentí, pero siempre la duda tuve de su
amor hacia mi, Quizás porque nunca supe como demostrárselo,
Tampoco parecía que yo vivía para llorar pero mis lágrimas se acabaron,
Ni una sola quedo, aguante tanto lo que la vida me daba,

La aguante hasta que se cansó de lo malo que me trato y cambiar mi
destino decidió, Fue entonces que conocí, lo que es sonreír pues fue
muy duro, contra la vida pelear, Aunque me costó trabajar muy duro
para poder lo mío tener,
Ya que suerte no tuve de que algo me den y tampoco les pedí,
Mi destino se ha enderezado pues torcido lo tenía
Me dejo encontrar mi propia familia y mi vida hacer,
Estaba tan sola por eso es que me enamore,
Necesitaba llenar mi corazón, pues vacío lo tenía,
O mi amor demostrar la experiencia, que no
tenía porque mucho me falto aprender,
Y mucho de ti me falto, será que por eso toda la vida dude de tu amor,
Pues aunque con palabras me lo decía nunca me lo quiso demostrar,
Por eso con la duda viví y así como yo era callada,
Mejor ya no dije nada y callada me quede, y el
destino quiso ser conmigo bueno,
Y aunque un poco vieja, madre me quiso hacer,
Y un día un angelito me dio que se convirtió en mi todo por el cual vivir,
Era mi tesoro más grande pues no me cabía tanta felicidad,
Mi pequeño angelito creciendo fue, la amo tanto que
cuando me grita y me rezonga, Me rompe el corazón me
duele tanto, lo que me dice que hasta me hace llorar,
Pero no me importa si no me quiere, o si algún día de mí se avergüenza,
Yo amo mi angelito con un amor más grande que el universo,
Y mi amor nunca cambiara pues siempre mi angelito será,
Porque algún día en su angelito me convertiré,
Y siempre a mi angelito cuidare, AMO A MIS DOS AMORES.